EXAMEN

DU

COMPTE DES MINISTRES,

ANNÉE 1816,

ET

DU PROJET DE LOI DE FINANCES

POUR L'ANNÉE 1818;

Par M. D. MOLLARD, Inspecteur général des finances, Chevalier de l'ordre royal de la Légion-d'Honneur, et membre du collége électoral du département de la Manche.

> Un bon compte est tout à la fois le moyen et la preuve d'une bonne administration.
>
> AVANT-PROPOS, pag. 1.

A PARIS,

CHEZ LATOUR, LIBRAIRE, AU PALAIS-ROYAL.

1818.

DE L'IMPRIMERIE DE J. SMITH.

Nota. Le compte des Ministres, année 1816, se divise en cinq parties réunies en trois volumes, et le projet de loi de finances forme seul un volume. Dans les citations que j'aurai à faire, je désignerai le compte des Ministres par les lettres initiales C. M., et le projet de loi par la lettre B., initiale de budget.

Il est essentiel de remarquer que les pages du 1.er vol. du compte des Ministres sont mal numérotées. Ces numéros vont

de 1 à 16
16 à 9
9 à 16
16 à 25
25 à 40
40 à 25
25 à 81 fin.

En sorte que les pages 9, 10, 11, 12, 13, 14, 15 et 16 sont répétées deux fois, ainsi que celles 25, 26, 27, 28, 29, 30, 31, 32, 33, 34, 35, 36, 37, 38, 39 et 40.

AVIS.

L'auteur ne reconnaîtra que les Exemplaires qu'il aura paraphés.

AVANT-PROPOS.

Exposition de principes.

Ce serait beaucoup sans doute pour un État d'avoir une bonne
assiette d'impôts; mais il jouirait imparfaitement de cet avantage
s'il n'avait pas en même temps, pour les recettes qui en proviennent,
une bonne administration qui assurât la fidélité de leur maniement
et la rapidité de leur application aux dépenses publiques.

Ainsi, la science des finances se divise en deux branches.

La science de l'assiette des impôts,

Et la science de l'administration des recettes qui en proviennent.

Mais la science de l'administration des recettes consiste essentiellement dans l'art de compter, puisque l'administration trouve,
dans les comptes, le moyen de diriger sa marche d'une manière
certaine, et celui de reconnaître chaque jour elle-même, et de
prouver périodiquement aux autres le mérite de ses opérations.

Ainsi, la science de l'administration des recettes est en même
temps celle de la comptabilité, comme un bon compte est tout à
la fois le moyen et la preuve d'une bonne administration.

Des comptes en général.

Compter ou rendre compte, c'est soumettre au jugement, dans
un classement méthodique, les actes que l'on a faits pour parvenir
à consommer une ou plusieurs opérations dont on a été chargé.

Il y a deux manières de compter, ou de la totalité de l'opération lorsqu'elle est terminée, n'importe l'époque à laquelle elle finit, ou à des époques déterminées, n'importe le point auquel l'opération est parvenue.

Ces deux manières de compter, appliquées aux comptabilités publiques, produisent des comptes d'exercice et des comptes de gestion.

Chacune de ces manières a ses avantages et ses inconvéniens.

Le compte d'exercice a l'avantage de présenter l'opération entièrement consommée, mais il a l'inconvénient d'être difficile à terminer.

Le compte de gestion, au contraire, a l'avantage de se terminer quand on veut, et l'inconvénient de ne présenter que des frag-mens d'opération.

Quelle que soit la manière de compter, un compte n'a d'impor-tance qu'autant qu'il est prouvé.

S'il ne s'agissait que d'une opération simple et isolée, qui consisterait, soit à recevoir, soit à payer des sommes qui seraient dues d'une époque à une autre, soit à faire tout autre acte spécial, on pourrait hésiter dans le choix de ces deux manières, et encore le compte de gestion paraîtrait-il préférable, comme étant plus propre à prévenir les abus, en rendant les comptes plus fréquens, et comme restreignant plus rapidement les chances de l'incertitude.

Mais si, au lieu d'une opération simple et isolée, on suppose une opération qui ait des ramifications étendues, dont les résultats se lient les uns aux autres, et si l'on suppose que cette opération se renouvelle périodiquement, alors le compte d'exercice est tellement hérissé de difficultés qu'il doit être considéré comme impraticable.

Un exemple pris dans les comptabilités publiques de la France va rendre cette proposition évidente.

Le Ministre des finances est chargé de trois opérations bien distinctes :

(v)

Première. Recueillir, dès la fin de l'année, l'aperçu des besoins des Ministres ordonnateurs de tous les départemens pour l'année suivante;

Dresser le prospectus des ressources qui doivent y faire face,

Et présenter le tout à l'approbation de la législature.

Deuxième. Réaliser les ressources, et acquitter les dépenses assignées par la loi à chaque année.

Troisième. Recueillir, après l'année révolue, l'état des dépenses effectuées ou des consommations faites par les Ministres ordonnateurs de tous les départemens;

Dresser le compte du produit brut et du produit net de toutes les ressources de l'année,

Et soumettre le tout au jugement de la législature.

De ces trois opérations, ne considérons ici que la deuxième, qui a pour objet la réalisation des ressources et l'acquittement des dépenses de chaque année. Supposons le cas où le Ministre des finances devrait en compter par exercice, et examinons quand et comment il pourrait en compter.

Parmi les administrations financières, celle de l'enregistrement compte des droits perçus, et celle des contributions indirectes compte des droits constatés. L'une et l'autre arrêtent leurs recettes au 31 décembre, avec cette différence que la recette de l'enregistrement est définitive, tandis que celle des contributions indirectes ne le sera qu'après la réalisation des droits restant à percevoir au 31 décembre sur ceux constatés.

Qu'un délai de trois mois soit nécessaire à l'administration des contributions indirectes pour consommer la réalisation de ses recettes, et que toutes deux aient besoin d'un délai de six mois pour régulariser leur dépense et la rendre définitive, l'administration de l'enregistrement et les autres qui, comme elle, comptent des droits perçus, pourront rendre leur compte six mois après l'année; et l'administration des contributions indirectes et les autres qui, comme elle, comptent des droits constatés, pourront rendre leur compte neuf mois après l'année.

Mais les préposés de ces administrations versent le produit de leurs recettes dans les caisses des receveurs généraux. Supposons que ceux-ci aient achevé les perceptions qui leur sont propres dans les neuf mois qui suivent l'année du compte; recevant encore à cette époque, et ayant conséquemment à dépenser, ils ne pourront être prêts à rendre leur compte que dans le dixième ou le onzième mois.

Le Trésor, qui recevrait encore dans le dixième mois, ne pourrait dépenser et rendre son compte que dans le onzième ou le douzième.

Les payeurs recevraient donc, dans le onzième mois qui suivrait l'année du compte, le complément des fonds applicables à ladite année. Mais alors recommence ou se continue une série d'opérations dont les délais sont incalculables.

Les payeurs ne payent que sur des mandats délivrés en conséquence des ordonnances des Ministres. Les Ministres ne délivrent ces ordonnances que sur des fonds disponibles, afin de ne point exposer ces mêmes ordonnances à rester sans paiement. Supposons, ce qui n'est pas d'après les comptes rendus, que les Ministres aient liquidé toutes leurs dépenses, et qu'ils n'aient plus qu'à les ordonnancer au moment où ils seront informés de la réalisation des derniers fonds; il s'écoulera nécessairement un très-long délai entre la délivrance de ces ordonnances et celle des mandats qui en seront la conséquence, entre l'arrivée de ces mandats dans la main des parties prenantes et le paiement de ces mandats par les payeurs.

Et comme le compte d'exercice ne pourrait être rendu qu'après que tous les paiemens seraient effectués, il ne serait pas raisonnable de penser qu'il pût l'être avant la fin de la deuxième année qui suivrait celle du compte.

On ne présente là que le plan du compte d'exercice, et l'on voit déjà qu'il aurait l'immense inconvénient de tenir en souffrance la responsabilité de l'administration de l'enregistrement pendant dix-huit mois, celle de l'administration des contributions indirectes pendant quinze, celle des receveurs généraux pendant treize, et celle du Trésor pendant douze; parce que la législature, pour laquelle le compte est fait, ne doit vouloir connaître que la réalisation des ressources, et l'acquittement des dépenses, sans s'embarrasser du mouvement que les fonds peuvent avoir fait, pour aller, de caisse en caisse, de la main du contribuable dans celle du créancier de l'État.

Mais les inconvéniens de ce plan ne sont rien en comparaison des difficultés de l'exécution; et, sans parler ni du danger des malversations, ni des suspens de toute espèce, n'y a-t-il pas la nécessité d'attacher à chaque écu le certificat de son origine? difficulté qui arrêterait les plus intrépides théoriciens, et que les praticiens les plus routiniers reconnaissent aujourd'hui comme insurmontable.

Le compte d'exercice est donc impraticable.

Nous avons déjà développé une partie des avantages attachés au compte de gestion; il nous reste à en compléter l'exposition.

Le compte de gestion conserve, comme celui d'exercice, l'affectation des fonds recouvrés et celle des fonds payés. Comme lui, il s'appuie de justifications suffisantes, et il y ajoute l'existence des soldes matériels au commencement et à la fin de la gestion; complément indispensable, à la vérité, mais preuve irrécusable d'une exacte manutention. Se prêtant à ce que tous les fonds recouvrés soient appliqués indistinctement à tous les services ouverts, il dispense les viremens de fonds de la ridicule nécessité d'attacher à chaque écu le certificat de son origine, et il prévient ainsi les nombreuses rectifications qui étaient nécessitées par les erreurs d'imputation.

Telles sont, sans contredit, les considérations qui ont fait adopter le compte de gestion par la loi des finances de 1817. Mais, pour que nous jouissions entièrement des clartés que ce compte doit procurer, il est indispensable que toutes les parties en soient arrêtées à la même époque.

De l'état de la science de l'administration des recettes, ou de la comptabilité.

Avant la révolution.

Si, pour connaître l'état de la science avant la révolution, on consulte les hommes qui exploitaient les diverses branches du revenu public, on apprend que rien n'était plus clair, plus simple et plus facile que la comptabilité de ce temps-là ; et, d'après leur réponse unanime, on est tenté de penser que la science de l'administration des recettes était parvenue à un très-haut degré de perfectionnement. Mais, si l'on consulte les faits dont le témoignage est beaucoup plus sûr, on trouve que l'existence des fermiers-généraux et celle des traitans excluent la possibilité de la science dirigée dans l'intérêt général : reste la possibilité de la science dirigée dans l'intérêt personnel, et nous nous empressons de l'admettre.

Depuis la révolution jusqu'à l'an VIII.

Le commencement de la révolution fut principalement l'époque des théories ; et, soit que l'expérience fût repoussée par système, soit qu'elle s'éloignât elle-même par calcul, les théories nouvelles furent inventées, et presque partout mises en mouvement par des hommes nouveaux.

Dépourvue des secours de l'expérience, qui avaient été dédaignés ou refusés, l'administration nouvelle, instituée définitivement en 1791 sous le titre de comité de Trésorerie, lutta long-temps contre les vices même de son institution, avec ce zèle et ce courage que les nouveautés sont en possession d'inspirer. Mais tel est le propre des grandes machines, qu'elles écrasent ceux qui les font mouvoir, s'ils n'ont pas la force nécessaire pour les diriger.

Accablé, tout à la fois, par les vices de son institution, par l'effet des remèdes qu'il avait tenté d'y porter, et par la difficulté toujours croissante des temps, le comité de Trésorerie cessa de lutter, et l'abattement succéda au courage déçu.

On ne songea plus qu'à faire marcher le service, tout le reste fut ajourné.

Les événemens mémorables qui, dans ce temps-là, étonnèrent le monde, empêchèrent de remarquer la lacune qui s'établissait.

La planche aux assignats répondait à tout et suffisait à tout; aussi toute science fut-elle mise en oubli, celle de la comptabilité, si utile pour combiner l'importance de cette ressource avec sa durée, comme celle de l'assiette des impôts, si nécessaire pour en modérer les effets.

Enfin la ressource des papiers-monnaies ayant disparu en l'an v (1797) par l'usage déréglé qui en avait été fait, il fallut de nouveau recourir à la science.

Épuisés par la longue cessation des industries manufacturière et commerçante, et par les exactions de toute espèce auxquelles ils étaient en proie sous le titre de réquisitions, les peuples n'auraient pu supporter de nouveaux impôts. Il paraissait déjà fort difficile d'obtenir en valeurs réelles ceux qui existaient, et qui jusqu'alors avaient été payés avec des valeurs idéales; ainsi les secours qu'on pouvait retirer de la science de l'assiette des impôts étaient à peu près nuls, et ceux qu'on devait espérer de la science de la comptabilité l'étaient entièrement.

Cet état de choses produisit l'effet qu'on devait en attendre. La loi du 9 vendémiaire an vi proclama la banqueroute pour le passé, et la prépara pour l'avenir par l'insuffisance évidente des ressources qu'elle créa.

La banqueroute ! ce mot devrait-il exister dans le langage politique? L'absurdité de cette mesure décide hautement le contraire. Et, sans parler de l'atteinte portée à la morale par la violation de la foi promise, atteinte toujours d'autant plus dangereuse qu'elle vient de plus haut, quoi de plus absurde, en effet, que de prétendre qu'une poignée de citoyens peut souffrir une perte, et qu'elle doit la souffrir, parce que la généralité de la nation ne pourrait pas la supporter !

De l'an v à l'an viii (1797 à 1800), la science de l'administration des recettes était parvenue à ce point, que la trésorerie négocia souvent à 30, 40 et 50 pour 100 de perte des délégations sur des écus réalisés dans les coffres des recettes générales.

En l'an viii, le comité de trésorerie fut supprimé, et la direction générale du trésor public fut confiée à un conseiller d'état, qui fut M. Dufresne.

Convaincue de son insuffisance, non seulement pour saisir les recettes au moment où elles avaient lieu, mais même pour en suivre la trace après qu'elles avaient été faites, l'administration eut le mérite de le reconnaître et celui d'y remédier, sinon radicalement, du moins assez efficacement. La création des obligations, et plus tard celle des bons à vue, furent les moyens dont elle se servit : tous les revenus de l'État venant se réunir dans la caisse des receveurs-généraux, la loi qui fut imposée à ces comptables de souscrire, au commencement de l'année, des obligations pour la totalité des contributions directes, et, périodiquement, des bons à vue pour toutes les autres recettes dont le montant est éventuel, garantit de trop fortes atteintes l'administration de ces revenus.

A l'abri de cette mesure, qui reversait sur les receveurs-généraux l'obligation de l'administration, et qui fut si importante, moins par rapport aux secours pécuniaires qu'elle présentait, puisqu'il n'y eut jamais un système suivi pour la négociation de ces valeurs, que par la connaissance positive qu'elle donnait des ressources dont on pouvait faire usage, l'administration pût, sans trop de dangers pour les deniers publics, se donner le loisir de rechercher les formules d'après lesquelles la souscription périodique des bons à vue pourrait être contrôlée. Je ne sais si ces formules furent bien choisies, mais du moins est-il vrai que leur application ne fut pas toujours heureuse.

Cet état de choses durait depuis l'an VIII, lorsqu'en l'an x (1802) le trésor, qui était confié à un directeur général dépendant du ministère des finances, fut érigé en ministère indépendant en faveur de M. Barbé-Marbois.

En thèse générale, cette séparation était monstrueuse; d'un côté, parce qu'il était impossible de bien préciser les limites des deux ministères, et qu'il était facile de prévoir que beaucoup de temps serait perdu à combattre des envahissemens vrais ou supposés; et, de l'autre, parce que l'assiette des impôts ne tire pas moins de secours de toutes les particularités qui accompagnent la perception, que la perception ne trouve d'avantages à être dirigée dans l'esprit qui a présidé à l'assiette de l'impôt. Ces inconvéniens furent sentis. Pour y parer, le ministre des finances dût toujours être présent, lorsque celui du trésor travaillerait avec le gouvernement. Mais cet expédient ne remédiait qu'à la moitié du mal.

Si cette séparation avait eu pour objet de donner à l'administration des recettes un accroissement de forces dont elle avait le plus grand besoin, elle aurait eu le mérite de la circonstance. Mais rien n'indique qu'elle ait eu lieu dans cette intention.

Ainsi cette séparation restait avec tous ses inconvéniens, lorsque, en 1806, un événement fâcheux fit passer le porte-feuille des mains de M. de Marbois dans celles de M. le comte Mollien.

Ce ministre, aussi adroit qu'habile, aussi avide de renommée qu'animé du désir du bien, parvint au ministère pénétré des obligations que l'administration des recettes lui imposait, et déterminé à les accomplir.

De 1808 à la restauration.

Le décret du 4 janvier 1808 développa le système qu'il avait adopté pour saisir les recettes au moment où elles avaient lieu, et pour en suivre la trace jusqu'à leur application aux dépenses publiques.

On ne tarda pas à recueillir les fruits de ce système; et, dès ce moment, le ministère connut tous les actes de ses agens extérieurs, et il fut à même de constater l'exactitude de leurs déclarations, pour les recettes, tous les dix jours, par la comparaison des talons de récépissés, et, pour les dépenses, tous les mois, par la justification des pièces comptables.

Cette amélioration provenait principalement des formules introduites dans les comptabilités extérieures. Il s'agissait de la compléter, en y faisant participer le ministère, et en créant dans son sein une comptabilité qui lui permît de rendre, de ses actes, un compte aussi satisfaisant que celui qu'il recevait lui-même de ses agens. Mais ce complément, qui était la clef de la voûte, et qui devait procurer à la nation l'inappréciable avantage d'un compte clair de ses finances, resta imparfait, soit à cause de la difficulté qu'on rencontra pour créer cette comptabilité, soit parce que, étant créée, on eût été astreint à en proclamer rigoureusement les résultats.

Depuis la restauration.

A la restauration, ce ministère fut supprimé, et ses attributions rentrèrent sous la direction du ministère des finances, d'où elles n'auraient jamais dû sortir.

En avril 1814, le ministère des finances fut confié à M. le baron Louis.

Ce ministre, qui avait eu, pendant qu'il était administrateur du trésor, une si grande part aux améliorations précédemment introduites dans la comptabilité, perfectionna celle des agens extérieurs, au point de pouvoir supprimer, à partir du 1.er janvier 1815, la confection des obligations et celle des bons à vue, et de ne faire arriver de fonds dans les caisses des payeurs que dans la proportion des besoins journaliers. Il fit cesser, par-là, une stagnation considérable qui avait lieu, au préjudice de l'État, dans les caisses de ces payeurs.

Le perfectionnement de la comptabilité intérieure fut l'objet constant de sa sollicitude : il touchait au moment de l'obtenir lors de la catastrophe du 20 mars.

A son retour, qui eut lieu en juillet 1815, n'ayant que des maux à prévenir ou à atténuer, il s'occupait à replacer les choses au point où il les avait laissées, lorsque, en septembre suivant, il quitta le ministère.

Ce ministère fut assez long pour le ministre, puisqu'il lui suffit pour établir, avec une égale évidence, son habileté et sa loyauté, son dévouement au Roi et son inébranlable attachement aux principes ; mais il aurait été beaucoup trop court pour l'Etat, si le successeur, M. le comte Corvetto, n'avait pas hautement manifesté l'intention de suivre les maximes qui avaient été adoptées.

La constante application qui a été faite de ces maximes a mis en harmonie les comptabilités extérieures avec la comptabilité intérieure, et tellement perfectionné la science de la comptabilité, qu'on peut en retirer aujourd'hui tous les avantages résultant de son application.

Des comptes publics de finances.

Telle est la comptabilité, tels sont les comptes : bonne, elle donne facilement de bons comptes, ou du moins les moyens nécessaires pour en faire facilement de bons ; mauvaise, elle produit infailliblement de mauvais comptes. L'exposé qui vient d'être fait de l'état de la science de la comptabilité, permet donc de préjuger le mérite des comptes publics.

Cet exposé présente l'état de la science à cinq époques différentes.

Dans la première, c'est-à-dire avant la révolution, nous avons vu que la science n'existait pas dans l'intérêt général; aussi n'y avait-il point de comptes publics. On ne peut considérer comme tels les écrits publiés, même par des ministres, sous le titre de comptes rendus. Ces écrits n'étaient autre chose que des rensei-gnemens plus ou moins exacts sur le système de nos finances; d'ailleurs, la publication des comptes ne résultait pas de nos institutions de ce temps-là;

Dans la seconde, depuis le commencement de la révolution jusque dans l'an VIII, la science est dans l'enfance, les comptes sont insignifians;

Dans la troisième, de l'an VIII jusqu'à 1808, l'administration recourt à des expédiens pour remédier au défaut de la science; aussi les comptes sont-ils incomplets, et d'une intelligence fort difficile, même pour le petit nombre de ceux qui avaient médité sur les effets de ces expédiens, et qui étaient initiés dans la con-naissance des formules de l'administration;

Dans la quatrième, depuis 1808 jusqu'à la restauration, la science s'établit et fait des progrès successifs: les comptes suivent la même progression;

Enfin, dans la cinquième, la science se perfectionne, et met le ministre en état de former le compte qu'il a rendu public pour l'année 1816; compte vraiment admirable par ses détails, et qui serait irréprochable, si toutes ses parties étaient mieux liées entre elles; car il n'est pas permis de douter que les erreurs qu'on y remarque ne s'y seraient pas glissées sans ce défaut de liaison.

Dans l'examen que je vais faire de ce compte, je n'ai qu'un but, celui d'être utile. Je ne me dissimule ni la difficulté de la matière, ni l'embarras de la bien traiter, et je sens surtout combien il est délicat de parler des actes des ministres, non qu'il y ait à craindre leur animadversion, mais parce qu'il est souvent impossible de bien apprécier ces actes.

Ces considérations m'auraient arrêté, si je n'en avais pas entrevu d'autres d'un ordre infiniment supérieur.

Depuis la révolution, nous marchons de banqueroute en arriéré, d'arriéré en liquidation, et de liquidation en banqueroute; effet inévitable du désordre qui amène toujours à sa suite la mauvaise foi. Si le désordre est la cause première de ces fleaux, ayons de l'ordre; et si l'existence de l'ordre ne peut être plus péremptoirement démontrée que par des comptes sans reproche, formons des comptes sans reproche; et surtout formons-les, lorsqu'il nous est possible d'y parvenir.

Après l'arriéré de 1815, l'année 1816 est la première qui se présente pure; d'un autre côté, la science de la comptabilité est parvenue au point de pouvoir réaliser tous les services qu'on peut en attendre. Les vrais amis de leur pays doivent vouloir que l'année 1816 commence une nouvelle époque qui ne prendra point de fin, parce qu'elle sera l'époque de l'ordre et de la bonne foi. Pour concevoir, pour réaliser une si noble espérance, soyons sévères sur les comptes de l'année 1816; appelons franchement sur eux toutes les lumières, toutes les critiques : que leur perfectionnement devienne en quelque sorte un but national au succès duquel chacun se fasse un devoir de concourir, ceux qui ont fait les comptes, comme ceux qui sont chargés de les examiner, comme ceux qui les étudient par état ou par curiosité. C'est par là que nous triompherons d'une difficulté contre laquelle l'administration lutte depuis long-temps avec les plus honorables efforts, que nous rendrons irréprochables les comptes des années suivantes, et que l'amélioration de la comptabilité, bienfait prodigieux pour nos finances, qui n'est jusqu'à présent que la propriété des bureaux, deviendra une propriété publique dont la conservation sera d'autant plus assurée qu'elle sera indispensable au ministère pour satisfaire à ses obligations.

Telles sont les considérations qui m'ont déterminé, et j'aime à me persuader que, de cette hauteur, chacun apercevra les véritables motifs qui m'ont porté à publier mon travail.

Si ce travail n'eût intéressé que le ministère des finances, la bienveillance particulière dont Son Excellence m'honore, les relations amicales que j'ai avec les principaux employés, et le zèle attentif que j'ai toujours mis à leur porter le tribut de mon expérience et celui de mes faibles connaissances, sont autant de garans que j'eusse déposé ce travail dans le sein du ministère; mais il intéresse la nation toute entière, et je le publie.

Je suis trop pénétré du respect dû à l'autorité, pour craindre d'y manquer. Si cependant il m'échappait une expression qui pût, je ne dirai pas y porter atteinte, mais seulement paraître équivoque, je la désavoue d'avance; et si la malignité pouvait s'emparer de cette expression, j'en serais inconsolable.

EXAMEN

DU

COMPTE DES MINISTRES,

ANNÉE 1816,

ET

DU PROJET DE LOI DE FINANCES

POUR L'ANNÉE 1818.

La loi des finances du 25 mars 1817 a ordonné, par l'art. 148, titre xii, que les Ministres présenteraient, à chaque session, les comptes de leurs opérations pendant l'année précédente, et elle a fixé, dans les articles suivans, la manière dont ces comptes seraient présentés.

D'après les dispositions consacrées par cette loi, les Ministres ordonnateurs de tous les départemens devaient présenter le compte des dépenses qu'ils avaient arrêtées, ou, en d'autres termes, le compte des dépenses nécessitées pour le service de l'année 1816; et le Ministre des finances devait, dans un premier compte, porter la situation de la dette perpétuelle, et, dans trois autres s'appuyant mutuellement, présenter le recouvrement des produits bruts, le maniement de ces produits, et enfin la quotité du net pour lequel ils étaient applicables aux dépenses de l'État.

Et comme ces comptes devaient, d'une part, présenter les fonds qui existaient matériellement dans les caisses et dans les porte-feuilles des comptables, et, de l'autre, rappeler la situation des exercices non consommés à cette époque, il étoit permis d'espérer que la nation y trouverait enfin la connaissance positive de sa situation financière à la fin de l'année 1816.

Les comptes rendus par les Ministres, pour l'année 1816, n'ont pas complétement

3

réalisé cet heureux résultat, malgré la franchise qui règne et la bonne foi qui se découvre dans toutes les parties de ces comptes rendus.

Nous allons d'abord exposer, sous le titre de Remarques, les motifs qui font que ce résultat n'a point été complétement obtenu. Nous discuterons ensuite ces motifs; nous trouverons à tous une origine commune, mais quelques-uns proviendront plus particulièrement de l'inexécution de la loi du 25 mars 1817.

Nous examinerons si les dispositions de cette loi sont d'une exécution facile pour les Ministres ordonnateurs et pour le Ministre des finances. L'affirmative résultera de cet examen, pour les Ministres ordonnateurs, d'après les faits et le raisonnement, pour le Ministre des finances, d'après un compte que nous figurerons pour l'année 1816. Nous démontrerons l'exactitude de ce compte; nous développerons les avantages qu'on peut en retirer, et nous terminerons en proposant le complément des mesures propres à rendre désormais invariable la forme des comptes publics de finances.

REMARQUES SUR LES COMPTES RENDUS.

PAR LES MINISTRES ORDONNATEURS (C. M. 3.ᵉ vol.).

1.º Le compte des affaires étrangères (pag. 38-39) ne porte les dépenses, arrêtées pendant 1816, qu'à 7,611,210 fr., tandis que le ministre de ce département demande que son crédit soit augmenté et porté à 11,620,000 fr.

2.º Le compte de l'intérieur (pag. 63) ne présente les dépenses, propres au ministère, que pour 48,335,000 fr., tandis que ce département conserve le crédit qui lui a été ouvert de 51,400,000 fr.

3.º Les états annexés à ce même compte de l'intérieur pour les dépenses départementales portent, dans les recettes affectées à ces dépenses, des sommes différentes de celles réellement imposées.

4.º Le compte de la police générale (pag. 186) ne porte les dépenses, arrêtées pendant 1816, qu'à 755,542 fr. 64 cent., tandis que ce département conserve le crédit qui lui a été ouvert d'un million.

PAR LE MINISTRE DES FINANCES.

Compte du Budget de 1816.

5.º Le compte de ce budget, annexé au projet de loi de finances de 1818 (pag. 94), devrait être augmenté en recette de 6,118,425 fr. aux contributions directes au lieu de 3 millions, et de 4,407,629 fr. 80. cent. aux recettes diverses au lieu de 400,000 fr.

6.º Les élémens qui ont servi à la fixation des produits portés dans ce même budget, pour les douanes, les contributions indirectes, les postes et les loteries, ne sont ni satisfaisans, ni conformes à la loi qui a prescrit des comptes d'année.

7.º Le compte du budget de 1816, rédigé à l'époque du 1.ᵉʳ juillet 1817, présente dans ses expressions une incertitude que l'état des choses ne comporte pas.

Compte des Caisses. (C. M. 1.ᵉʳ vol., pag. 36 et suiv.).

8.º Ce compte devrait comprendre en recette et en dépense les opérations relatives aux centimes additionnels destinés aux dépenses locales, montant pour 1816 (2.ᵉ vol., pag. 19) à 38,308,965, ne fût-ce que pour faire ressortir la somme de 13,429,748 fr., payée sur les dépenses départementales comprises dans le budget.

9.º Il devrait également comprendre en recette les valeurs créées pour le paiement de l'arriéré, et, en dépense, les paiemens effectués en ces valeurs.

10.º Ce compte des caisses porte à tort, sous le titre de versemens faits sur les revenus établis par les lois de finances, une somme de 11,101,359 fr. 46 cent. reçue sur le produit des cautionnemens, et une autre de 31,067,422 fr. 93. cent. reçue sur le produit d'emprunt et dépôt sur rentes et sur bons royaux.

11.º Ce même compte présente à tort une déduction de 4,683,637 fr. 87 cent. pour taxations et pour dépenses à régulariser.

12.º C'est également à tort qu'il présente les versemens des administrations de finances, dans les caisses du Trésor, comme des recettes faites sur les revenus établis par les lois de finances. Et en supposant qu'on voulût, contre tous les principes, faire figurer ces versemens comme des recouvremens, il fallait du moins les accorder avant de les y comprendre.

13.º La conformité qui doit toujours régner entre les paiemens faits sur les crédits des ministères et l'application de ces paiemens aux crédits de chacun d'eux n'existe pas, puisque le compte des caisses porte les paiemens faits pendant 1816 à 892,460,017 fr. 43 c., et le compte des budgets à 927,336,449 fr. 56 cent.

Compte général des Budgets. (C. M. 1.ᵉʳ vol.).

14.º Ce compte porte en recette, pendant 1816 (pag. 10-11 répétées), pour abandon fait par le roi sur la liste civile, une somme de 10 millions, qui ne figure pas dans le compte des caisses.

15.º Enfin, la situation générale des finances arrêtée au 1.ᵉʳ janvier 1817 (pag. 12-13),

(4)

de laquelle il résulte un excédant du passif sur l'actif, montant à 105,937,917 fr. 86 cent., n'est point exacte.

Il me semble voir toutes les classes de mes lecteurs s'émouvoir par des sentimens divers à la lecture de ces remarques. Quelques brouillons jouant, par calcul, une vaine popularité, et créant, par système, des torts imaginaires à l'administration, s'en réjouiront dans l'espoir d'y trouver un aliment solide à leurs déclamations : quelques courtisans, renforcés de quelques êtres pusillanimes, et de quelques autres qui croiront leur amour - propre blessé, affecteront d'y voir l'autorité compromise, et crieront au moins à la témérité. Le plus grand nombre, celui des gens sensés, s'affligera de la nécessité de ces remarques.

Je tromperai l'espoir des uns, je me ris d'avance des clameurs des autres ; et, à l'égard des gens sensés, je partage leur affliction, comme ils partageront ma consolation et mes espérances.

Toutes ces remarques ont une origine commune, que j'ai déjà signalée, et qui est le défaut de liaison de toutes les parties du compte rendu entre elles. Je n'en excepte pas même celles qui résultent des combinaisons les plus éloignées, parce que l'administration, qui a pu faire un compte aussi remarquable malgré ses imperfections, eût infailliblement trouvé beaucoup mieux que moi, en le coordonnant, les moyens de le rendre parfait.

Et d'abord élaguons de ces remarques toutes celles qu'un simple rapprochement aurait prévenues.

III.ᵉ Remarque. Les états, annexés au compte de l'intérieur pour les dépenses départementales, portent, dans les recettes affectées à ces dépenses, des sommes différentes de celles réellement imposées.

La loi a affecté 12 centimes du principal des contributions foncière, personnelle et mobilière aux dépenses départementales, et elle a en outre autorisé les administrations locales à établir, pour dépenses urgentes, des impositions facultatives. Les états annexés à la loi ont évalué le montant de ces 12 centimes. Mais cette évaluation était nécessairement provisoire, puisque la contribution des biens rendus n'était pas connue, et cette évaluation ne devait durer que jusqu'au moment de la confection des rôles. Aussitôt après cette confection, les sommes effectivement imposées devaient remplacer les provisoires ; et, en se reportant au C. M., 2.ᵉ vol., pag. 18, on eût vu que les sommes effectivement imposées s'élevaient ;

SAVOIR :

Les 10 centimes, à .... 19,917,510 f., au lieu de 19,922,276 f.

Les 2 centimes, fonds commun, à ...... 3,983,502 f., au lieu de 3,962,000

Les centimes facultatifs, à .... 7,308,119 f., au lieu de 7,221,867

Et subsidiairement que le déficit à combler,

en 1817, n'était que de .... 732,752 f., au lieu de 835,740

V.ᵉ Remarque. Le compte du budget de 1816 devrait être augmenté en recette de 6,118,425 fr. aux contributions directes, au lieu de 3,000,000 de fr., et de 4,407,629 fr. 80 cent. aux recettes diverses, au lieu de 400,000 fr.

Les rôles des contributions directes de 1816 se sont élevés, suivant le détail porté au C. M., 2.ᵉ vol., pag. 18, à la somme totale de 401,661,776 fr., sur laquelle on porte, comme fonds appartenant au Trésor, ... 333,084,600 f.

Mais c'est à tort qu'on ne comprend pas dans cette somme les 10 centimes du principal de la contribution personnelle et mobilière, et qu'on les porte dans les fonds à employer sur les lieux et non-valeurs. (Loi du 28 avril 1816, art. 34)............................. 2,724,469

Maintenant, si l'on veut distinguer les fonds *à verser* au Trésor de ceux à employer sur les lieux, il est clair que les premiers s'élèvent à... 335,809,069

Mais, si l'on veut trouver les fonds appartenant au Trésor, il faut en retrancher

Les 4 centimes pour non-valeurs, fonds commun... 7,967,001 f.

Les 2 centimes pour dépenses variables, *idem*,..... 3,983,502

11,950,503

Parce que ces fonds appartiennent à la destination spéciale qui leur a été donnée par la loi, et alors il reste effectivement pour fonds *appartenant* au Trésor.................................... 323,858,566

La loi du 25 mars 1817 avait compris ces fonds pour........ 317,740,141

Reste à ajouter, par la loi de 1818, au lieu de 3 millions proposés, ci. 6,118,425

A l'égard des recettes diverses, elles se sont élevées suivant le compte des caisses (C. M., 1.ᵉʳ vol., f.° 41).

SAVOIR :

Monnaies, à.. 42,182 f. 50 c.
Dons offerts au Roi, à 421,538 33
Recettes sur débets, à 2,263,499 49
Recettes diverses et accidentelles, à... .... 2,680,409 48

Total.................................... 5,407,629 80

Elles ont été comprises, dans la loi du 25 mars 1817, pour 1,000,000

Reste à ajouter, par la loi de 1818, au lieu de 400,000 fr. proposés, 4,407,629 80

Et alors, en ajoutant à ce budget les deux sommes

de .... 6,118,425 }10,526,054 80
                                                        4,407,629 f. 80 c. }

au lieu de celles de................................... 3,000,000 } 3,400,000
                                                        400,000 }

Le montant des recettes aurait été augmenté de............... 7,126,054 f. 80 c.
et au lieu de trouver un complément à fournir de 6,121,670

on eût trouvé un excédant de ressources de .... 1,004,384 f. 80 c.

Le Ministre n'eût pas été induit en erreur, et lui-même se serait dispensé de dire, dans la proposition de loi des finances,

A la chambre des députés, pag. viij : « Comme ce résultat peut être atténué par « la différence de la réalité à l'évaluation, nous ne vous demandons point aujourd'hui « de moyens pour balancer un déficit encore incertain. »

Au Roi, pag. 8 : « Mais ce déficit probable ne peut encore être donné comme « certain, et il n'est ni possible ni nécessaire d'en faire l'objet d'aucune disposition. »

VIII.ᵉ Remarque. Le compte des caisses devrait comprendre en recette et en dépense les opérations relatives aux centimes additionnels destinés aux dépenses locales.

Si, par l'effet d'un système dont nous démontrerons le vice, et si, par suite d'arrangemens dont nous exposerons le danger, on a cru devoir retrancher des recouvremens la partie applicable aux dépenses locales, parce qu'elle n'est point comprise dans les budgets, on eût vu du moins que la somme de 13,429,748 fr. ne devait pas être enveloppée dans ce retranchement, puisqu'elle s'applique à une ligne du budget.

IX.ᵉ Remarque. Le compte des caisses devrait également comprendre en recette les valeurs créées pour le payement de l'arriéré, et en dépense les payemens effectués en ces valeurs.

La création des valeurs destinées au payement de l'arriéré est un acte aussi important que le recouvrement des impositions, puisque ces valeurs servent, aussi bien que les recouvremens, au payement des dettes publiques. Mais, à coup sûr, cette création est bien plus importante que celle des valeurs que le Trésor émet pour son service, puisque l'Etat aura à faire les fonds des unes, et que ceux des autres sont déjà faits par les budgets. Ces valeurs auraient dû figurer dans le compte des caisses, non seulement parce qu'elles sont remises à des payeurs qui en deviennent responsables, et conséquemment comptables, mais encore pour appuyer le compte de la dette inscrite, avec lequel elles ont, dès ce moment, un si grand rapport, et avec lequel elles en auront peut-être un jour un plus grand encore.

En comprenant ces valeurs dans le compte des caisses, il est probable qu'on n'eût pas dit (C. M., 1.ᵉʳ vol., pag. 28-29) que les payemens pendant 1816 s'étaient élevés à 138,528,039 fr., et (pag. 51, même vol.) à 139,748,563 fr. 69 c.

X.ᵉ Remarque. Le compte des caisses porte à tort, sous le titre de versemens faits sur les revenus établis par les lois de finances, une somme de 11,101,359 fr. 46 cent. reçue sur le produit des cautionnemens, et une autre de 31,067,422 fr. 93 cent. reçue sur le produit d'emprunt et dépôt sur rentes et sur bons royaux.

La loi du 28 avril 1816 ordonna qu'il serait fourni des cautionnemens et des supplémens de cautionnemens, qu'elle évalua devoir monter à . . . . 50,633,000 f. 00 c.
celle du 25 mars 1817 éleva cette évaluation à 56,000,000
et enfin le projet de loi de 1818 propose de la porter à 63,378,700

On est fondé à croire que cette dernière somme est définitivement celle à laquelle se sont élevés les cautionnemens et supplémens exigés par la loi du 28 avril 1816, parce que le Ministre a eu suffisamment le temps de s'en procurer des états exacts.

La recette faite par les caisses du Trésor s'est élevée (C. M., 1.ᵉʳ vol., f.° 41) à 74,480,059 46

La différence, montant à 11,101,359 46

représente donc des cautionnemens versés par des remplaçans, et remboursables aux remplacés, à mesure qu'ils rempliront les formalités prescrites pour le retirement des cautionnemens. Ces 11 millions appartiennent donc aux dépôts, et n'appartiennent pas aux revenus établis par les lois de finances, ou bien le projet de loi de 1818 a tort de ne porter que 63 millions.

A l'égard de la somme de 31,067,422 fr. 93 cent., il était facile de prévenir cette erreur, en considérant qu'aucune loi n'avait autorisé de semblables emprunts. A l'époque du 1.er janvier 1816, suivant l'état f.o 40, il n'existait pas de rentes dans les porte-feuilles, et il n'y avait en bons royaux que 2,232 fr.; le Trésor a donc créé les rentes et les bons royaux sur lesquels a été fait cet emprunt de 31 millions. Pour les rentes, il ne peut en être créé que d'après une loi. Or, la loi du 28 avril 1816 avait autorisé qu'il en fût créé pour........... 6,000,000

dont la vente a produit ....   69,759,600 f. 00 c.

Sur ces 6 millions inscrits, dès le mois de mai, suivant le compte de la dette inscrite (C. M., 1.er vol., f.o 62), sans doute avec jouissance du 22 mars 1816, quoique le compte ne le dise pas, il n'en avait été vendu, au 31 décembre 1816 (même vol., f.o 41), que .... 4,998,270 pour   58,062,265   15

Restait donc des rentes à vendre pour....... 1,001,730

sur le dépôt desquelles on a pu emprunter : et en supposant qu'on eût emprunté (ce qui n'est pas présumable) le complément du prix de la vente, ci. 11,697,334   85

on aurait donc emprunté sur bons royaux créés pour cet objet 19,370,088   08

ÉGALITÉ......................... 31,067,422   93

Cette création de valeurs de 19,370,088   08

étant ajoutée à celle comprise au compte général des recettes (f.o 38) pour... 321,597,344   18

Donne une création totale de........................ 340,967,432   26

laquelle, comparée au remboursement porté (f.o 39) pour 340,635,115   13

présente un excédant de création de........................ 332,317   13

et non un excédant de remboursement de près de 20,000,000

comme il est dit dans l'avant-propos du compte des caisses (C. M., 1.er vol., p. 30).

XI.e REMARQUE. Le compte des caisses présente à tort une déduction de 4,683,637 fr. 87 cent. pour taxations et pour dépenses à régulariser.

Ce même compte des caisses présente, à la page 41, une déduction de deux sommes montant ensemble à 4,683,637 fr. 87 cent. : pour la première somme de 1,400,590 fr. 82 cent., ayant pour objet les taxations revenant aux receveurs généraux et particuliers, sur les recettes, pour compte du Trésor, autres que les contributions directes, on conçoit que, s'appuyant sur la législation qui alloue ces taxations, on ait pu en faire déduction sur les recettes, quoiqu'il eût beaucoup mieux valu en comprendre le montant en dépense et le faire figurer dans le budget du Ministre des finances. Mais, à l'égard de la déduction de 3,283,047 fr. 5 cent. faite pour remboursemens et dépenses à régulariser, il paraît difficile de la légitimer. Une somme peut bien être payée irrégulièrement, c'est-à-dire sans l'*autorisation* d'un Ministre; mais, pour qu'elle soit allouée, il faut qu'un Ministre donne son *approbation* à ce paiement, et comprenne la dépense dans son budget; et, sans cela, où s'arrêteraient ces déductions, et où en seraient nos institutions?

XIIe Remarque. C'est également à tort que le compte des caisses présente les versemens des administrations de finances dans les caisses du Trésor, comme des recettes faites sur les revenus établis par les lois de finances.

Lorsque le Ministère des finances était divisé en deux parties, les administrations et régies étaient sous la direction du Ministre des finances, et les receveurs généraux et particuliers sous celle du Ministre du Trésor. A cette époque, le Trésor pouvait bien ne considérer, comme produit des administrations, que les versemens qui étaient faits par leurs préposés dans les caisses de ses receveurs généraux. Mais, depuis que le Ministère est réuni, cette fiction n'est plus admissible. La perception confiée aux administrations et régies se fait, comme celle des contributions directes, sous une seule et même direction. Le compte que l'on doit en rendre est donc un et même. Il n'y a pas plus de raison de comprendre en recette les produits des administrations pour leurs versemens dans les caisses des receveurs généraux qu'il n'y en aurait à ne comprendre les recettes de ceux-ci que pour les sommes qu'ils auraient réellement versées au Trésor. Cette marche, contraire à la raison, l'est également à la saine doctrine professée par le Ministère dans l'avant-propos du 2.e vol., pag. 7, où il est établi si solennellement et si judicieusement que le Trésor royal existe partout où il se trouve un dépositaire de deniers publics. A la vérité, cette saine doctrine est contredite par celle professée dans l'avant-propos du compte des caisses (C. M., 1.er vol., pag. 25), où il est dit qu'une recette, « dès qu'elle entre « dans la caisse d'un receveur général, augmente l'actif disponible du Trésor royal, « comme s'il l'avait lui-même réalisée. » La supériorité de la doctrine du 2.e vol. sur celle du 1.er n'a pas besoin d'être démontrée, parce qu'il est évident que le Ministre peut aussi bien et aussi facilement disposer des fonds existans dans les caisses des

(10)

administrations et régies que dans celles des receveurs généraux. Quoi qu'il en soit, le compte des caisses a été rédigé conformément à la doctrine de ce 1.ᵉʳ vol.

Mais alors il eût du moins fallu accorder ces versemens avec ceux que les administrations prétendent avoir faits.

	Enregistrement pag. 47.	DOÚANES. pag. 73.	CONTRIBUTIONS indirectes. pag. 103.	POSTES. pag. 127.	LOTERIES. pag. 145.	TOTAL.
	f. c.	f. c.	f. c.	f. c.	f. c.	f. c.
Les administrations financières disent dans leurs comptes (C. M., 2.ᵉ vol , pages ci-contre) avoir versé au trésor pendant 1816..........	185,905,018 10	73,665,045 43	104,513,597 07	10,599,736 86	12,901,898 28	387,585,295 74
Elles annoncent avoir reçu de lui, pendant le même temps, à titre de subvention , ci... à déduire......	ʺ ..	2,313,935 ʺ	8,659,926 89	ʺ ..	3,654,587 70	14,628,449 59
Reste....	185,905,018 10	71,351,110 43	95,853,670 18	10,599,736 86	9,247.310 58	372,956,846 15
Le trésor dit (C. M., 1.ᵉʳ vol., pag. 41), avoir reçu d'elles, dans le même intervalle..............	180,003,204 99	72,296,576 56	101,239,398 25	9,764,944 89	12,660,763 08	375,964,887 77
Le trésor dit donc avoir reçu : { en plus..........	ʺ ..	945,466 13	5,585,728 07	ʺ ..	3,413,452 56	9,744,646 70
net en plus......	....	....	....	....	....	3,008,041 62
en moins........	5,901,813 11	ʺ ..	ʺ ..	834,791 97	ʺ ..	6,736,605 08

Il est évident que les administrations financières font recette de 14,628,449 f. 59 c. pour fonds de subvention reçus des caisses du Trésor, tandis que rien n'indique que celui-ci ait fait dépense de cette somme. Le Trésor aurait-il fait cette dépense par soustraction sur la recette, et ne se serait-il chargé que du net? Alors il ne resterait que l'embarras d'expliquer comment une erreur de 3,008,041 fr. 62 cent. a pu se glisser entre les limites étroites des soldes au commencement et à la fin de l'opération.

Mais cette présomption ne peut avoir lieu , parce que la différence de 3,008,041 f. 62 c. est le résultat de deux autres dont la supérieure, qui est de 9,744,646 fr. 70 cent., porte précisément sur les administrations qui ont reçu les fonds de subvention, et qu'elle se rapproche assez de la somme de 14,628,449 fr. 59 cent., montant desdits fonds de subvention, pour autoriser à penser que le Trésor a purement et simplement omis de faire dépense de cette dernière somme, et que le surplus de la différence provient d'erreurs.

XIII.ᵉ Remarque. La conformité qui doit toujours régner entre les paiemens faits sur les crédits des Ministères et l'application de ces paiemens aux crédits de chacun d'eux n'existe pas.

Les paiemens faits pendant l'année 1816, sur les crédits des Ministères, d'après le compte général des caisses (C. M., 1.ᵉʳ vol., pag. 37-39), s'élèvent à 892,460,017 f. 43 c.

Ces mêmes paiemens, appliqués aux crédits des Ministères par exercice dans le compte général des budgets, même volume, présentent :

Exercice 1814, pag. 14-15.....	4,960,842 f. 56 c.			
———— 1815 ——— 16-25.....	180,302,104	38		
———— 1816 ——— 26-27.....	683,708,758	08		
———— 1817 ——— 13........	58,364,744	54		
Total............	927,336,449	56	927,336,449	56
En plus, au compte des budgets................			34,876,432	13

Et quand on ajouterait au compte des caisses la somme de 13,429,748 fr. payés par les receveurs généraux, pour dépenses départementales (*voyez* la viii.ᵉ Remarque), ci   13,429,748   00

Il resterait encore en plus au compte des budgets..   21,446,684   13

En donnant, dans l'état de développement coté E (pag. 51), au lieu de l'indication insignifiante des caisses qui avaient effectué les paiemens, le détail essentiel des exercices auxquels ces paiemens étaient applicables, on eût infailliblement prévenu cette discordance, et réalisé « cette garantie d'exactitude (C. M., 1.ᵉʳ vol., avant-« propos, pag. 4) qui naît du contrôle mutuel que se prêtent réciproquement le compté « des opérations de tous les services, et celui des agens qui les ont exécutés. »

XIV.ᵉ Remarque. Le compte général des budgets porte en recette, pendant 1816, pour abandon fait par le Roi sur la liste civile, une somme de 10 millions qui ne figure pas dans le compte des caisses.

Il est évident, d'après l'état de développement des versemens faits sur les produits établis par les lois de finances (C. M., 1.ᵉʳ vol., pag. 41), qu'il n'avait point été reçu de somme applicable à l'abandon fait par le Roi et les Princes, et que cependant le compte des budgets porte en recette une somme de 10 millions.

Par contre, ce même compte des budgets porte en dépense, pour paiemens à la liste civile et à la famille royale, pendant l'année 1816,

SAVOIR :

Exercice 1815, pag. 16-25...................... 18,294,000 f. 00 c.
———— 1816 ——— 26-27...................... 24,195,475   10

TOTAL................... 42,489,475   10

Tandis que le compte des caisses ne porte cette dépense, d'après l'état pag. 51, qu'à.......................... 32,419,000   00

D'où il suit que, si le compte des caisses dit en moins, en recette, une somme de 10 millions, il dit aussi en moins, en dépense, celle de................................. 10,070,475   10

Ce qui établit la balance à 70,475 fr. 10 cent. près.

Le moindre rapprochement eût fait reconnaître la nécessité de régulariser ces deux objets par le moyen ordinaire des ordonnances ; et, en supposant que la régularisation eût été de 10 millions, comme tout porte à croire qu'elle avoit été projetée, la différence relevée dans la remarque précédente se serait réduite à 11,446,684 f. 13 c.

XV.ᵉ REMARQUE. La situation générale des finances, arrêtée au 1.ᵉʳ janvier 1817, de laquelle il résulte un excédant du passif sur l'actif, montant à 105,937,917 fr. 86 cent., n'est point exacte.

La situation générale des finances, arrêtée au 1.ᵉʳ janvier 1817, comprend, d'une part, sous le titre d'actif, toutes les valeurs réalisables, et toutes les avances, créances et sommes à recouvrer, et, de l'autre, sous le titre de passif, tous les effets à payer, tous les dépôts et toutes les créances à rembourser, et elle se balance par un « excédant du « passif sur l'actif, qui représente la dette contractée par l'administration des finances, « pour couvrir les dépenses excédant les recettes du service antérieur au 1.ᵉʳ avril « 1814, de 105,937,917 fr. 86 cent. »

Mais cette situation n'est pas exacte, en premier lieu, par rapport à la différence réduite de 11,446,684 fr. 13 cent., entre les paiemens effectués pendant 1816 sur les crédits des Ministères, et ceux portés aux comptes des budgets, lesquels entrent dans cette situation ; en second lieu, par rapport aux 11,101,359 fr. 46 cent., montant des cautionnemens des remplaçans, qu'il faudra bien rembourser aux remplacés malgré le *mémoire* tiré hors ligne dans cette situation (*Voyez* la x.ᵉ remarque) ; et, en troisième lieu, parce que tout fait craindre que l'emprunt de 31 millions, fait sur dépôt de valeurs, ne soit pas entré pour la totalité dans cette situation.

Afin de reconnoître jusqu'à quel point cette crainte était fondée, je me suis reporté aux comptes rendus pour les années 1814 et 1815, où j'ai trouvé que le déficit, restant à rembourser effectivement au 31 décembre 1815, s'élevait à 109,778,354 fr. 82 cent.; que les effets du Trésor en émission, à rembourser effectivement à la même époque, entraient dans ce résultat pour une somme de 197,740,294 fr. 26 cent.; et que cette somme, d'après l'état n.º 11, pag. 28, concernait les valeurs ci-après détaillées.

	OBLIGATIONS royales.	BONS royaux.	BILLETS de service.	RESCRIPTIONS ET MANDATS sur les recev. généraux.	Autres valeurs de toute nature.	TOTAL.
Il restait en émission au 31 décembre 1815.........	54,045,150f. //c.	46,740,081f.16c	4,448,627f.55c	76,773,617f.85c	15,732,817 70	197,740,294f.26c
Il a été créé pendant 1816 (C. M., 1.er vol., pag. 47)..	67,850 //	258,147,863 49	18,958,671 //	31,610,355 50	14,812,604 19	321,597,344 18
TOTAL.....	54,113,000 //	302,887,944 65	23,407,298 55	108,383,973 35	30,545,421 89	519,337,638 44
Il a été remboursé pendant 1816 (C. M., 1.er vol., pag. 52).................	13,345,333 33	199,978,601 82	16,497,513 72	97,715,473 53	13,096,192 73	340,633,115 13
Il devrait donc rester en émission au 1.er janvier 1817.	40,767,666 67	102,909,342 83	6,909,784 83	10,668,499 82	17,449,229 16	178,704,523 31
La situation ne porte que.	40.740,616 67	98,874,049 66	6,695,574 83	5,480,918 32	10,476,472 67	162,267,632 15
Différence en moins à la situation.................	27,050 //	4,035,293 17	214,210 //	5,187,581 50	6,972,756 49	16,436,891 16

Sans faire ressortir, de ce rapprochement, ni des considérations qui porteraient une atteinte sérieuse à la solidité des comptes, ni même une nouvelle preuve de l'inexactitude de la situation générale, je me borne à en tirer cette conséquence, que les valeurs sur lesquelles l'emprunt de 31 millions a été fait, ne sont pas comprises dans la somme de 162,267,632 fr. 15 cent., puisque cette somme est encore inférieure à son véritable montant de 16,436,891 fr. 16 cent.

Et alors la somme de 24,388,089 fr. 82 cent., portée dans le passif de la situation générale sous le titre de fonds provenant de négociations et d'emprunts sur rentes, devient applicable à l'emprunt de 31 millions, avec d'autant plus de raison qu'il n'existait pas d'opération de cette nature à l'époque du 31 décembre 1815. Mais pourquoi cet emprunt de 31 millions, constaté par les caisses et prouvé par les soldes, s'est-il réduit, dans l'intervalle de quelques pages, à 24 millions? Et pourquoi cette dernière somme paraît-elle s'appliquer entièrement à une opération de rentes, tandis que, d'après la x.e remarque, les rentes y entrent nécessairement pour la plus petite portion?

Ces explications justifient la plus grande partie des remarques, et ne prouvent que trop l'inexactitude des comptes rendus. Il reste à développer les i.^{re}, iie, ive, vi.^e et viie Remarques, dont les quatre premières ont principalement rapport à l'inexécution de la loi du 25 mars 1817.

Ire Remarque. Le compte des affaires étrangères ne porte les dépenses arrêtées pendant 1816 qu'à 7,611,210 fr., tandis que le Ministre de ce département demande que son crédit soit augmenté et porté à 11,620,000 fr.

IIe Remarque. Le compte de l'intérieur ne présente les dépenses, propres au Ministère, que pour 48,335,000, tandis que ce département conserve le crédit qui lui a été ouvert de 51,400,000 fr.

IVe Remarque. Le compte de la police générale ne porte les dépenses arrêtées pendant 1816, qu'à 755,542 fr. 64 cent., tandis que ce département conserve le crédit qui lui a été ouvert de 1,000,000 fr.

L'art. 150 de la loi du 25 mars 1817 est conçu en ces termes . « Les Ministres « ordonnateurs de tous les départemens présenteront le compte des dépenses qu'ils « auront arrêtées pendant le cours de leur administration, et ils en établiront la com- « paraison avec les ordonnances qu'ils auront délivrées dans le même espace de temps, « et avec les crédits particuliers ouverts à chacun des chapitres de leur budget. »

Les comptes de quelques Ministres ordonnateurs n'ayant point rempli ces dispositions, on ne saurait en voir la cause que dans l'obscurité des expressions de la loi ; et, en effet, que doit-on entendre par dépenses arrêtées ?

Est-ce les dépenses dont les comptes ont été réglés ? Mais ce n'est pas probable d'une part, parce que la loi l'aurait dit ; et, de l'autre, parce que le réglement étant, pour l'ordinaire, immédiatement suivi d'ordonnances, la comparaison des dépenses avec les ordonnances prescrite par la suite de l'article deviendrait illusoire.

Doit-on donner à ces mots une signification plus absolue et entendre toutes les dépenses qu'on a déterminé devoir être faites ? Mais il est possible qu'une partie des dépenses ainsi résolues soit ajournée et ne reçoive pas même un commencement d'exécution dans l'année de la résolution : d'un autre côté, dans les dépenses qu'on a déterminé devoir être faites, il en est de fixes et qui sont résolues par le fait même de leur détermination, comme les traitemens, tandis que d'autres sont éventuelles et soumises à des conditions ultérieures, comme les fournitures par suite de marchés.

Nous examinerons plus tard, en traitant des Ministres ordonnateurs, les dépenses qui doivent être portées à la charge de chaque année ; et, en attendant, nous pensons que, par dépenses arrêtées, il faut nécessairement entendre la généralité des créances auxquelles le service de l'année a donné ouverture sur le Ministère.

Les comptes des départemens des affaires étrangères et de la police générale ne présentent, comme dépenses arrêtées, que le montant des dépenses dont les mémoires ont été ordonnancés ; ils indiquent donc une inexécution de la loi.

On en trouve une autre dans le compte des affaires étrangères, en ce que la répartition, prescrite par l'article 151, de la somme allouée par le budget général entre les divers chapitres du budget des départemens, paraît n'avoir pas été faite, et ce reproche semble également applicable au compte du département de là guerre. (*Armée française*, pag. 136-137.)

Le compte du département de l'intérieur présente une circonstance particulière. Une somme de 21,600,000 fr. a été affectée au service des ponts-et-chaussées et des mines pendant l'année 1816 ; et, d'après le compte, il n'y a eu de dépenses arrêtées, pendant le cours de ladite année, que pour 18,555,000 fr. De deux choses l'une, ou les dépenses arrêtées, c'est-à-dire les consommations autorisées, n'ont effectivement monté qu'à cette dernière somme, comme l'on doit en être convaincu d'après une note portant que la différence montant à 3,045,000 fr. a été *employée* dans le premier semestre de 1817 ; ou bien, ce qui n'est pas présumable, les dépenses arrêtées ont excédé la somme portée. Dans le premier cas, les 3,045,000 fr. inutiles au service de 1816 doivent être retranchés du compte de ce service pour être portés à celui de 1817, auquel ils appartiennent ; et, dans le cas contraire, il y a inexécution de la loi.

La somme de 20,000 fr. sur le septième chapitre, relatif au culte catholique, paraît être dans le même cas, c'est-à-dire avoir excédé les besoins de l'année 1816.

VIe Remarque. Les élémens qui ont servi à la fixation des produits portés dans le compte du budget de 1816, pour les douanes, les contributions indirectes, les postes et les loteries, ne sont ni satisfaisans ni conformes à la loi qui a prescrit des comptes d'année.

La loi du 25 mars 1817, en chargeant les Ministres de rendre des comptes d'année, semblait avoir résolu toutes les difficultés à l'égard du Ministère des finances, et lui avoir tracé la marche invariable qui devait être suivie dans la formation des comptes du budget de chaque année. En effet, le compte général des budgets devant, conformément à l'art. 149, être appuyé par la situation du Trésor royal, il était évident qu'il fallait, avant tout, mettre en rapport les élémens qui constituaient la situation du Trésor royal avec ceux qui devaient servir à former le compte du budget de chaque année ; et alors on aurait vu, pour les administrations financières, la nécessité d'arrêter, à la même époque, la situation de toutes : et, supposé que, à cette époque, toutes les opérations ne fussent pas consommées, on aurait vu la nécessité d'adopter le parti qui présentait le moins d'inconvéniens. Un exemple va développer cette proposition.

| | ADMINISTRATIONS | | TOTAL. |
	DE L'ENREGISTREM.	DES CONTRIB. INDIR.	
Supposons qu'il ait été, pendant 1816, constaté des droits pour ……………………………	…………	910 f.	
perçu… *Idem* … pour………………………	1,200 f.	900	2,100 f.
Il restait à percevoir……………	…………	10	
Que, pendant le même temps, les frais d'administration et de régie se soient élevés à …………	200	300	500
Que ces frais n'aient été payés, au 31 décembre 1816, que jusqu'à concurrence de……………………	150	220	370
Il restait à payer…………………	50	80	130
Qu'il ait été versé dans les caisses des receveurs-généraux ou du Trésor ………………………	1,040	665	1,705
Il restait dans les caisses des administrations.	10	15	25

Maintenant si on demande que tous ces résultats soient portés dans deux comptes simultanés, et qu'ils y soient confondus avec les opérations des receveurs-généraux qui ont gardé, sur les sommes qui leur ont été versées, 5 fr.; celles du Trésor, qui a gardé 2 fr.; et celles des payeurs, qui ont payé des dépenses publiques pour 1,675 fr., et chez lesquels il reste en caisse 23 fr.;

Et si l'on demande que ces deux comptes s'appuient réciproquement, peut-on satisfaire à toutes ces obligations ?

Le premier compte, celui des faits, qui est celui de la situation du Trésor royal, ne présentera aucune difficulté.

	RECETTE.	DÉPENSE.
Recette brute..	2,100 f.	
Paiement de frais d'administration et de régie		370 f.
......*Idem*...........de dépenses publiques..........................		1,675
Solde en caisse.... { Administrations financières .. 25 f. / Receveurs généraux .... 5 / Trésor..................... 2 / Payeurs.................... 23 }		55
Totaux égaux..................	2,100	2,100

Mais le second compte, celui de raison, qui est celui du budget, comment le fera-t-on? Prendra-t-on, d'une part, les droits constatés, et, de l'autre, les droits perçus? Et dira-t-on?

 Produit brut 1,200 et 910 fr. .... 2,110 f.
 Frais de régie à déduire (totalité)..................... 500
   Reste net. 1,610

Comment alors rapprocher les recouvremens qui sont de . 2,100 f.
Si l'on n'en déduit que les frais payés................ 370
  Il restera.................. 1,730

Dont la comparaison avec le produit net ne pourra jamais faire ressortir le reste à recouvrer de 10 fr.; et si, pour satisfaire à cette dernière condition, on retranche la totalité des frais, on tombera dans un tout autre embarras. Comment expliquer qu'on a payé des dépenses publiques pour....... 1,675 »
   Avec un revenu de................ 1,610
Qu'il reste à recouvrer.............................. 10 »
Et qu'il y a un disponible dans les caisses de.............. 55 »
Sans faire intervenir la dette, pour frais d'administration et de régie....................................... » 130
  Afin de trouver la balance............. 1,740 1,740

5

Et, dans ce cas, quelle serait la garantie de la dette de 130 fr.? Les encaisses de 55 fr., et les restes à recouvrer de 10 fr. Quant au surplus, il n'y aurait pas de garantie, puisque la représentation serait définitivement consommée par les dépenses publiques; et, en dernier résultat, il faudrait bien prendre ce surplus sur les opérations de l'année suivante, et, en outre, sur les 55 fr. restant dans les caisses, les 30 fr. existant dans celles des receveurs-généraux, du Trésor et des payeurs, parce qu'on ne fait pas plus aisément rétrograder les fonds qu'on ne fait remonter l'eau à sa source.

On conçoit encore que cette route, toute difficile qu'elle est, pût être pratiquée par un conducteur parfaitement habile, si la rentrée des 10 fr. restés à recouvrer était assurée. Mais, si une partie de cette somme tombe en non-valeur, il faudra, l'année suivante, ou plus tard, revenir sur ses pas pour dire que le revenu de 1,610 fr., sur lequel on avait compté, qui était consommé, avec 65 fr. de plus, dès l'année précédente, est encore susceptible de réduction. Pour le coup, il n'y a plus d'habileté qui puisse retirer de ce dédale.

Mais pourquoi s'y lancer, lorsqu'une route directe est ouverte, et qu'il n'y a qu'à la suivre?

Si les frais d'administration et de régie se sont élevés dans l'année à 500 fr.; si, sans injustice envers personne, il n'a fallu payer dans l'année que 370; si l'administration générale de l'État a été assez surveillante pour ne pas laisser de fonds stagnans; et enfin, si les 130 fr. restant à payer à la fin de l'année, ont été pris sur les recettes de l'année suivante, il se présente un mode qui concilie toutes ces circonstances : il consiste à ne prendre en considération que les recettes effectives, et à n'en retrancher que les frais effectivement payés.

Par ce mode simple, tout se concilie, tout devient clair. On conserve la trace des restes à recouvrer, si tant est qu'on y attache une importance qu'ils ne méritent pas : et, quant aux frais d'administration, comme les 130 fr. restant dus seraient payés dans l'année suivante qui n'aurait pas, dans son cours, plus de besoins que la précédente, l'équilibre se trouverait à peu près rétabli.

Au reste, ce mode fût-il aussi compliqué qu'il est simple, et portât-il autant d'obscurité qu'il donne de clarté, il semble qu'il n'y avait pas à hésiter sur son admission, dès qu'il remplissait les deux conditions imposées par la loi, celle des comptes d'année, et celle de fournir des résultats qui appuyassent ceux d'un compte simultané et différent.

En adoptant ce mode, on l'exécutait facilement, dès l'année 1816, pour toutes les administrations financières, d'après leurs comptes d'année portés dans le II.ᵉ vol. du compte des Ministres : il n'y avait point de nouvaux comptes à rapporter, puisque ceux-là étaient précisément ceux exigés par la loi; point de nouveau travail à faire, puisqu'on en avait extrait tous les résultats propres à établir le montant des produits-nets. Ces résultats, bien combinés, avaient sagement écarté tout ce qui appartenait aux exercices antérieurs, comme ayant servi ou pu servir aux appréciations des budgets précédens, et préparaient ainsi l'ère nouvelle, à partir de laquelle la généralité des recettes et des dépenses, effectivement opérées pendant l'année, deviendraient l'unique élément du compte du budget, comme elle est celui de la responsabilité de tous les agens.

	ENREGISTREMENT.		DOUANES.		CONTRIBUT. INDIR.		POSTES.		LOTERIES.	
	pag.	sommes.	pag.	sommes.	pag.	sommes.	pag.	sommes.	pag.	sommes.
D'après ces comptes d'année portés (C M., 2.e vol.), aux pages ci-contre, les produits nets sont de..........	57	168,114,926 56	87	70,601,125 55	109	94,372,699 83	137	11,797,694 58	155	9,411,733 91
D'après d'autres comptes, arrêtés à des époques différentes, lesquels sont portés dans le volume du budget aux pages ci-contre, ces produits ont été réduits et compris au budget de 1816 pour.	215	168,814,926 56	222	70,501,440 71	218	93,433,280 //	225	11,624,463 27	227	9,121,123 99
Différence......	...	// //		99,684 84		939,419 83		173,231 31	...	290,609 92
Provenant de ce que l'on a augmenté pour opérations postérieures à l'année, Les recettes brutes de		// //	...	877,277 89	...	5,301,723 01	...	232,603 77	...	111,924 59
Les frais d'administration et de régie, de........................		// //	...	976,962 73	...	4,604,450 84	...	405,835 08	...	402,534 51
Différences égales, sauf pour l'administration des contributions indirectes.				99,684 84		697,272 17 1,636,692 // 939,419 83		173,231 31		290,609 92
D'après les détails ci-dessus, les recettes brutes de 1816, faites en 1817, ont été de...................	...	// //	...	877,277 89	...	5,301,723 01	...	232,603 77	...	111,924 59
Celles de 1815, faites en 1816, étaient d'après (C. M., 2.e vol.), pag. indiquées ci-contre, de...................	...	// //	72	918,481 56	100	2,891,059 92	124	102,118 78	144	444 58
D'après les détails ci-dessus, les frais d'administration et de régie de 1816, payés en 1817, ont été de...........,	...	// //	...	976,962 73	...	- 4,604,450 84	...	405,835 08	...	402,534 51
Ceux de 1815, payés en 1816, étaient d'après le même (C. M., 2.e vol.), de..	...	// //	73	332,415.17	101	3,883,746 04	125	293,334 91	145	366,891 58

Les rapprochemens faits dans ce tableau démontrent donc, comme nous l'avons dit dans la VI.e Remarque, d'une part, que les élémens qui ont servi à la fixation des produits des douanes, des contributions indirectes, des postes et des loteries, ne sont pas conformes à la loi, parce qu'ils comprennent des opérations postérieures à l'année, et, de l'autre, que ces élémens ne sont pas satisfaisans, parce qu'ils sont modifiés, sans aucun motif légitime, par une circonstance qui devrait leur être entièrement étrangère, celle des versemens faits au Trésor royal, circonstance à l'aide de laquelle les produits des contributions indirectes sont atténués de 1,636,692 fr., sans qu'on puisse en reconnaître la cause.

Ces rapprochemens indiquent en même temps que les comptes d'année, étant admis pour base unique des comptes du budget, conservent tous les avantages d'ordre et de clarté qu'ils portent avec eux, sans rien perdre, du côté de l'importance des produits, d'une année sur l'autre, puisque les recettes et les frais de régie de l'année 1816, qui ont eu lieu en 1817, balancent à peu près ceux de 1815, qui ont eu lieu en 1816, et que la différence qui existe entre les uns et les autres provient visiblement des circonstances extraordinaires qui ont eu lieu en 1815.

VII.ᵉ REMARQUE. Le compte du budget de 1816, rédigé à l'époque du 1ᵉʳ juillet 1817, présente, dans ses expressions, une incertitude que l'état des choses ne comporte pas.

On a déjà vu que les élémens, qui avaient servi à la fixation des contributions directes et des recettes diverses, n'avaient pas été mieux choisis que ceux relatifs aux produits des administrations financières ; et c'en est assez pour expliquer l'incertitude qui règne dans le compte des recettes du budget de 1816, porté à la page 94 du projet de loi de finances de 1818. Mais cette incertitude n'en est pas moins contraire à l'état des choses ; et, pour s'en convaincre, il suffit de jeter un coup d'œil sur nos revenus, qui, à l'exception des contributions directes, se composent tous de ce qui a été recouvré pendant l'année. Ainsi, quelques jours après l'année, il n'y aurait plus d'incertitude pour le Ministre des finances ni pour la nation, si l'administration avait totalement oublié ses anciens erremens, et si elle était parfaitement imbue des principes d'après lesquels elle marche aujourd'hui.

Qu'un directeur du Trésor royal dît à un Ministre des finances qu'il *reste à recouvrer* 5 fr. sur les administrations financières, parce qu'elles n'ont versé que 95 fr. sur 100 qu'elles avaient recouvrés ; cette manière de s'exprimer, absolument admissible du directeur au Ministre, quoiqu'il fût plus propre de dire qu'il *reste à verser* par ces administrations, est complétement inadmissible ; du Ministre à la nation, parce qu'il est évident que les caisses des administrations sont sous la direction du Ministre aussibien que toutes les autres.

Ainsi l'état des choses ne repousse pas moins les expressions de *non-valeurs présumées, non-valeurs probables*, et *excédant de recouvremens obtenus et à obtenir*, lorsqu'elles sont employées six mois après l'année, qu'il ne réprouve l'existence d'un reste à recouvrer de 353,000 fr. sur les douanes, parce que les préposés de cette administration sont en retard de verser cette somme ; d'un autre reste à recouvrer de 950,000 fr. sur les postes, quoique, d'après la note portée à la page 225, les produits de cette administration aient été versés intégralement ; et enfin d'un autre de 34,220 fr. sur les recettes diverses, dont la possibilité ne peut pas même tomber sous le sens.

On se méprendrait étrangement sur le but de ces remarques, si l'on n'y voyait qu'un coupable désir de briller aux dépens de l'administration, en relevant des erreurs qui lui seraient échappées. Pour bien apprécier ce but, il faut se représenter que, de l'incertitude que nous venons de reprocher, résultent l'incohérence et la multiplicité des comptes ; que l'incohérence et la multiplicité des comptes s'opposent également à leur intelligence de la part de ceux qui doivent les entendre ; que le défaut d'intelligence des comptes amène la réserve et les soupçons, et dénature les rapports qui doivent exister entre le gouvernement et quelques branches de la législature. Il faut se persuader enfin que c'est à l'enchaînement de toutes ces circonstances que l'on doit la triste nécessité de répéter, pendant cinq ou six années, dans les lois de finances, des chiffres disposés en forme de budget, sans liaison avec les faits, et n'ayant de résultat prouvé que la ruine des fournisseurs, s'ils ont traité de bonne foi, ou la spoliation de l'Etat, s'ils ont été de mauvaise foi : et alors, en supposant que ces remarques paraissent rigoureuses à ceux qu'elles touchent directement, il n'y a point de doute qu'ils ne s'en consolent avec plaisir, si elles peuvent contribuer à briser un seul anneau de cette fatale chaîne.

CONCLUSION.

Ayant ainsi développé les diverses remarques qui ont été faites, on termine ici l'examen qu'on s'était proposé.

Cet examen est sans doute imparfait, autant par l'insuffisance de son auteur que par les bornes qu'il a dû s'imposer ; mais, tel qu'il est, il prouve que la plupart des comptes du Ministère des finances sont inexacts, que quelques Ministres ordonnateurs n'ont pas exécuté la loi du 25 mars 1817, et qu'il en est de même du Ministre des finances.

Mais, si quelques Ministres ordonnateurs n'ont pas exécuté la loi du 25 mars 1817, tous peuvent-ils l'exécuter ?

Si le Ministre des finances ne l'a pas exécutée, peut-il l'exécuter ?

Et, si les uns et les autres peuvent l'exécuter, son exécution, de la part des uns et des autres, présente-t-elle assez d'avantages pour qu'on doive tenir à ce qu'elle ait rigoureusement lieu ?

Telles sont les questions que nous allons chercher à résoudre.

DES MINISTRES ORDONNATEURS.

Peuvent-ils exécuter la loi du 25 mars 1817?

De ce que quelques Ministres ordonnateurs ont porté les dépenses arrêtées pendant l'année 1816, et principalement de ce que les Ministres chargés des départemens de la Guerre et de la Marine, dont les dépenses sont les plus nombreuses et les plus difficiles à saisir, les ont portées, on pourrait conclure que tous pourraient les porter, et, conséquemment, que tous pourraient exécuter cette partie de la loi du 25 mars 1817. Mais cette solution ne satisferait pas tous les esprits, et surtout les personnes qui craignent que les sommes portées sous le titre de dépenses arrêtées pendant 1816 ne soient pas la représentation des créances ouvertes sur les Ministères pour le service de cette année, mais bien la répartition du crédit général entre les divers chapitres des budgets des départemens. Pour faire admettre cette crainte, il y a deux raisons; d'abord, la funeste habitude contractée, pendant plus de vingt ans, par les bureaux du Ministère, de circonscrire les dépenses de l'État dans le cercle tracé par la ligne des budgets, et de rejetter à l'arriéré tout ce qui ne peut pas entrer dans ce cercle; et, en second lieu, l'immense difficulté de changer des habitudes de bureau, quelles qu'elles soient : pour la faire repousser, on trouve l'assurance qu'un procédé aussi vicieux et aussi injuste n'a pas pu échapper à des Ministres probes, et qu'ils ont dû faire tous leurs efforts pour exécuter les dispositions d'une loi qui devait y remédier. Quant à moi, sans admettre ni repousser cette crainte, je vais examiner la question comme si elle était entièrement neuve.

Les dépenses de l'État se composent, d'une part, de toutes les sommes nécessaires à la dignité du trône et au maintien de la foi publique, et, de l'autre, de toutes les fournitures de temps ou de choses évaluables que le Gouvernement reconnaît utile d'appliquer au service public, et dont la législature autorise l'emploi.

Toute fourniture est nécessairement soumise à l'*autorisation* des Ministres, à moins qu'elle ne soit commandée par la nécessité, auquel cas elle est soumise à leur *approbation*.

Ainsi les Ministres connaissent positivement, à toutes les époques de l'année, l'importance des dépenses qu'ils ont autorisées, comme ils connaissent les dépenses commandées par la nécessité, bientôt après qu'elles ont eu lieu.

Mais, dans les dépenses autorisées, les unes sont fixes et déterminées, en quelque sorte, par le fait seul de leur autorisation; les autres sont éventuelles et soumises à des conditions ultérieures.

Les dépenses fixes, en mettant à l'écart ce qui regarde la liste civile et les apanages des Princes, se composent de toutes les sommes nécessitées par la dette publique, constituée ou non constituée, par les fournitures de temps qui embrassent les traitemens, appointemens, gages ou salaires, et enfin, dans les fournitures de choses évaluables, par les devis qui ont été approuvés.

Les dépenses éventuelles se composent de toutes les fournitures réellement faites par suite de marchés ou par l'effet de la nécessité.

Ainsi, les dépenses de l'État, pendant un période quelconque, se composent,

1.º De toutes les sommes nécessaires au service de la dette publique pendant ce période;

2.º De tous les traitemens, appointemens, gages ou salaires dus pour le période;

3.º Du montant des devis approuvés, si les travaux doivent être faits dans le période, ou seulement de la partie relative au période, si les termes des devis règlent des époques pour les travaux et les paiemens;

4.º Enfin, du prix de toutes les fournitures réellement effectuées pendant le période, par suite des marchés ou par l'effet de la nécessité.

De ces quatre parties, qui constituent les dépenses de l'État, les trois premières sont faciles à saisir et à constater. En effet, la dette publique, les traitemens et les devis approuvés peuvent toujours être déterminés avec une exactitude mathématique.

La quatrième partie, qui paraît présenter plus de difficultés, n'en offre pas davantage. Elle n'exige que de l'ordre.

Toutes les fournitures ont lieu, ou d'après des marchés qui règlent à l'avance le prix de chaque objet, ou d'après des autorisations qui ne règlent point de prix, ou enfin d'après des événemens fortuits qui les commandent.

L'un des devoirs importans de tout Ministre ordonnateur ne consiste pas moins à surveiller l'exécution des traités qu'il a pu faire, pour assurer le service dont il est chargé, qu'à se tenir exactement et périodiquement informé de toutes les fournitures qui sont faites en exécution de ces traités. Il est hors de probabilité qu'un Ministre puisse négliger ce devoir. En le remplissant, il saura donc périodiquement toutes les fournitures qui auront été faites; et, s'il a classé avec méthode ces renseignemens, à mesure qu'ils lui ont été transmis, ainsi que les opérations de son administration qui s'en sont suivies, en ajoutant à ces renseignemens ceux parvenus dans le commencement du période suivant pour le période expiré, et en appliquant aux uns les tarifs qu'il aura arrêtés lui-même, et aux autres les principes de justice qui sont de tous les temps, il obtiendra infailliblement des données qui seront d'autant plus positives, que son administration aura été méthodique, surveillante et éclairée.

Ainsi, le cours de l'année étant le période déterminé jusqu'à présent pour le réglement des dépenses publiques, tout Ministre ordonnateur peut connaître, à la fin de janvier, la situation du service de l'année écoulée; donc tout Ministre ordonnateur pourrait, à la rigueur, dès la fin de janvier, rendre le compte prescrit par la loi du 25 mars 1817, et faire connaître exactement le montant des dépenses nécessitées pour le service de l'année écoulée. Mais que cette époque fût reculée au 1.er avril, et qu'alors tous les Ministres ordonnateurs rendissent leurs comptes au 1.er janvier, il est hors de doute que ces comptes ne fussent rigoureusement justes, et que la dette de l'État pour le service de l'année passée ne fût exactement et invariablement établie, à moins que MM. les Ministres ne fussent restés au-dessous de leurs obligations, ce qui ne peut pas être supposé.

Regardant cette proposition comme trop absolue, et craignant que les dépenses des ministères ne puissent pas être connues avec toute la précision que nous venons d'indiquer, quelques personnes feront peut-être des objections. Par rapport aux dépenses que nous avons qualifiées de fixes, elles prétendront que la dette publique est la seule qui soit véritablement susceptible de cette qualification, et que les traitemens et les devis ne le sont pas, parce que, comme les dépenses éventuelles, ils sont soumis à des conditions ultérieures; et, par rapport aux dépenses éventuelles, elles allégueront la difficulté de réunir et de résumer, dans un si court espace de temps, la grande quantité d'élémens qui doivent les constater.

L'objection relative aux dépenses fixes ne laisse pas que d'être fondée. Sans doute la dette pour traitemens est soumise à l'accomplissement des devoirs qu'ils représentent, comme celle pour des devis est soumise à l'achèvement et à la réception des travaux; et il est également hors de doute que ces deux dettes peuvent être interrompues par le fait de ceux qui les ont contractées, comme par le fait de ceux envers lesquels elles ont été contractées.

Si l'interruption a lieu par le fait du Ministère, il n'y a plus de difficulté; en la créant, il en mesure la conséquence. Si, au contraire, elle a lieu par un fait qui lui soit étranger, arrivât-elle en décembre, il la connaîtra nécessairement en janvier avec toutes les circonstances propres à l'éclairer sur la modification que ses premiers actes doivent éprouver; à plus forte raison si cette interruption arrive dans le courant de l'année, parce que je n'admets pas que l'administration ne soit pas essentiellement surveillante.

A l'égard des dépenses éventuelles, la difficulté de réunir les élémens qui doivent les constater, est aussi imaginaire que celle de résumer ces élémens. On ne peut mettre en doute l'empressement des fournisseurs à produire leurs mémoires; et plût au ciel que l'administration fût arrivée au point où il fallût activer cette production! La dépense des commis qui seraient chargés de ce travail devrait être bien agréable à la nation, et ne serait jamais trop chère! Mais non: les mémoires arrivent infailliblement avec la plus grande exactitude: il ne reste donc qu'à les juger.

Autant le jugement d'un ancien mémoire est pénible et difficile par les recherches qu'il occasionne, et par les incertitudes qu'il laisse, même après les recherches les plus scrupuleuses, autant le jugement d'un mémoire récent est facile et satisfaisant. Tout le monde reconnaîtra la justesse de cette observation. Pour moi, j'en suis tellement pénétré, que je nierais tout à la fois la possibilité de juger dans trois ans, et celle de bien juger au bout de cette époque, les mémoires des dépenses faites, pendant un an, pa rle Ministère de la guerre, par exemple; tandis que j'admettrais la possibilité de juger et de bien juger les dépenses d'une année, dans l'année, plus dans le mois suivant.

Et, en effet, que le Ministre de la guerre ait traité pour la nourriture de l'armée; que les fournisseurs présentent, dans le mois de février, les mémoires des fournitures qu'ils auront faites pendant janvier, et que le Ministère reçoive en même temps les comptes des intendans et les rapports des chefs de corps, les mémoires se trouveront réglés équitablement, et en connaissance de cause, d'une manière presque imperceptible, par la plus légère extension des combinaisons sur lesquelles on fait reposer la sûreté et la tranquillité de l'Etat. Qu'on néglige, au contraire, de recueillir ces résultats, à mesure de l'arrivée périodique des renseignemens, et qu'on s'expose à revenir sur ses pas, tout devient incertitude et difficulté.

Après le réglement des mémoires des dépenses vient leur acquittement. Nous examinerons cette question, en traitant du Ministre des finances.

CONCLUSION.

Ainsi s'évanouissent tous les scrupules, et il demeure évident que les Ministres ordonnateurs pourraient absolument, dans le premier mois de l'année, présenter le compte des dépenses nécessitées par le service de l'année précédente; mais que, ce compte n'étant rendu que dans les trois mois après l'année révolue, il doit être rigoureusement juste.

DU MINISTRE DES FINANCES.

Peut-il exécuter la loi du 25 mars 1817 ?

Quelques esprits soupçonnaient depuis long-temps que les comptes du Ministère des finances, qui se composent d'élémens si nombreux et si différens, et qui embrassent les actes de tant d'agens sur une si grande quantité de services, étaient susceptibles d'autant de clarté, de simplicité et de solidité que les comptes des opérations les plus simples; mais ils regardaient, comme condition indispensable de ce résultat, que tous ces élémens et tous ces actes fussent arrêtés à une époque uniforme.

Sans parler de ce but éloigné, qu'ils ne faisaient eux-mêmes qu'entrevoir, ils n'ont pas cessé, dans leurs rapports avec l'administration, d'invoquer le compte de gestion comme le moyen qui pouvait le plus puissamment nous y faire tendre. Plus d'une fois ils ont eu l'occasion de faire ressortir la prééminence de ce compte, et de démontrer la nécessité de l'adopter par le rapprochement des différences, et même des bizarreries qui existaient dans la manière de compter de la plupart des agens.

Enfin, le compte de gestion a été adopté par la loi des finances de 1817. Nous venons de voir comment les dispositions de cette loi n'avaient pas été exécutées ; il nous reste à examiner comment elles pouvaient l'être.

Une question de cette importance, sur une matière aussi vaste, ne peut être bien résolue par le raisonnement. Il faut une démonstration évidente, qui ne peut résulter que d'un compte disposé de manière à prévenir toutes les objections.

Mais un compte ne peut être bien disposé qu'autant que l'on connaît parfaitement, non seulement les parties qui doivent y entrer, mais encore le régime de ces parties, et toutes les circonstances particulières qui peuvent les affecter.

Je procéderai donc à la formation de ce compte, pour l'année 1816, en attachant à chaque partie les chiffres même du compte rendu, et je le ferai précéder d'un exposé sommaire des parties qui doivent y entrer.

DES REVENUS DE L'ÉTAT.

Les revenus de l'État proviennent de huit branches ;

1.re Contributions directes.

2.e Enregistrement, domaines et bois.

3.e Douanes et sels.

4.e Contributions indirectes et tabacs.

5.e Loteries.

6.e Postes.

7.e Salines de l'Est.

8.e Recettes accidentelles.

Dans les temps ordinaires, ces huit branches produisent toutes les sommes qui sont nécessaires à l'administration et à la défense des peuples. Dans les circonstances extraordinaires, comme celles qui viennent d'avoir lieu, on en ajoute une neuvième qui comprend toutes les ressources extraordinaires qui sont créées.

L'appréciation des sommes nécessaires à l'administration et à la défense des peuples appartient au Gouvernement. Leur allocation et le choix des moyens d'y faire face appartiennent au pouvoir législatif.

Pour déterminer les législateurs dans leur choix, le Gouvernement, qui administre, leur fait connaître, par l'organe du Ministre des finances, ce qui a été fait antérieurement; et, forts de cette expérience, ils ordonnent que des perceptions auront lieu pendant un temps donné pour faire face à des dépenses dont ils ont reconnu la nécessité pendant le même période.

Ainsi se trouve remplie la première des trois opérations dont nous avons vu, dans l'avant-propos, que le Ministre des finances était chargé.

Mais au moment où la législature, reconnaissant la légitimité des besoins qui lui sont exposés par les Ministres ordonnateurs, leur accorde les crédits qui leur sont nécessaires, et où elle ordonne les perceptions qui doivent faire face à ces crédits, il n'y a de certain que la rentrée de quelques parties des contributions directes. Tout le reste est dans l'incertitude, sans même en excepter les crédits ouverts aux différens Ministères : car, s'il est dans ces crédits des lignes qu'un Ministre ne doit pas transgresser sans passer sur le banc de l'accusation, il en est d'autres dans lesquelles il doit marcher avec cette noble liberté qui naît d'une conscience pure et dévouée au bien de son pays.

Nous avons déjà vu que cette incertitude finissait nécessairement, pour les dépenses, avec le période marqué par la législature. Il en est de même des ressources, et il ne faut au Ministre des finances, pour connaître ce positif, que le temps indispensable pour qu'il reçoive le compte de tous les derniers actes des agens de l'administration.

Ainsi, le cours d'une année étant le période qui a été fixé jusqu'à présent par la législature, il s'ensuit que tous les actes faits depuis le 1.er janvier jusqu'au 31 décembre au soir, constituent la situation financière de l'État pendant l'année, et que cette situation sera bonne ou mauvaise, selon que les produits auront été plus ou moins considérables.

Je viens de dire que, lorsque la législature rend la loi des finances, tout est dans l'incertitude, à l'exception de quelques parties des contributions directes; un examen rapide de nos revenus va le démontrer.

Contributions directes.

Les contributions directes comprennent quatre contributions, qui sont :
La foncière;
La personnelle et mobilière;
Les portes et fenêtres;
Et les patentes.

Les trois premières sont fixes et déterminées par la loi qui en fait la répartition entre tous les départemens. La quatrième, qui est celle des patentes, est incertaine. Elle dépend du nombre et de la classe des patentables assujétis à cette charge par la législation. Dès que la loi des finances est rendue, le Ministère donne les ordres nécessaires pour parvenir à la confection des rôles, laquelle a ordinairement lieu dans les trois mois qui suivent la publication de la loi. Dès qu'ils sont terminés, le Ministère est certain qu'il recevra, un peu plus tôt ou un peu plus tard, pour être appliquée aux dépenses de l'État, la somme qui y est portée avec cette affectation, parce que le fonds de non-valeur, destiné à assurer la rentrée intégrale de ce principal, ne peut point manquer de remplir cette destination, à moins de circonstances bien extra-ordinaires.

La perception de ces rôles est faite par des percepteurs à vie qui versent leurs recettes dans les caisses des receveurs particuliers et généraux.

Mais les rôles comprennent, avec le principal, non seulement les centimes additionnels fixés par la loi pour fonds de non-valeurs, pour dépenses fixes et variables de départemens et de communes, pour frais de perception et pour taxations des receveurs, mais encore tous les centimes facultatifs qui ont pour objet des réimpositions, ou qui, votés par les départemens ou les communes, et approuvés par le Roi, doivent être appliqués à des dépenses extraordinaires locales.

La confection de ces rôles, qui a lieu sous la surveillance immédiate du Ministre, est un des points importans de son administration. On conçoit difficilement comment les comptes, rendus jusqu'à présent, n'ont pas fait connaître l'exécution de cette partie des lois de finances, ou plutôt comment on a négligé de donner à ces comptes une base aussi essentielle.

Les rôles de 1816 se sont élevés (C. M., 2.ᵉ vol., pag. 18) à..... 401,661,776 f.

Nous avons déjà vu, dans la cinquième Remarque, que la portion de ces rôles, *appartenant* au Trésor, s'élevait à.................. 323,858,566

Les centimes additionnels ou l'accessoire se sont donc élevés, pour ladite année 1816, à................................ 77,803,210

Ces 77 millions, destinés à des services particuliers, ont été recouvrés simultanément avec les 323 applicables aux dépenses de l'État, sans qu'il ait été possible de distinguer les uns des autres.

Et, à l'exception des fonds destinés aux dépenses des communes, aux frais de perception et aux non-valeurs, lesquels, s'élevant à environ 30 millions, rentrent dans les caisses des receveurs généraux et particuliers en déclarations de retenue et ordonnances de décharge, tout le surplus de l'accessoire, montant à environ 48 millions, est versé en numéraire dans lesdites caisses, où il se joint à tous les autres fonds applicables au service public, jusqu'au moment de l'emploi, qui est toujours plus ou moins éloigné.

Ce n'est pas seulement par rapport à l'importance de cette somme, ni pour s'assurer qu'elle est fidèlement appliquée à la destination qui lui a été donnée par la loi (bien que ces motifs soient assez puissans), que les branches du pouvoir législatif doivent exiger qu'elle soit comprise dans les comptes; c'est encore pour que ces comptes ne soient pas viciés par ce retranchement; pour qu'ils soient la description exacte des faits, et pour qu'ils jouissent, à ce titre, de la confiance si nécessaire dans une matière aussi importante.

Ce résultat sera aisément obtenu en assujétissant le Ministre à rendre son compte de l'année précédente, d'après les rôles qu'il aura fait dresser en exécution de la loi des finances de ladite année.

Revenus indirects.

Je désigne sous ce titre, par opposition aux contributions directes, les sept autres branches des revenus ordinaires de l'État.

Administrations Financières.

Les droits et produits, formant la partie principale de nos revenus indirects, sont perçus par les agens des cinq grandes administrations de l'enregistrement, des douanes, des contributions indirectes, des loteries et des postes.

Ces droits et produits sont essentiellement éventuels, et l'on peut d'autant moins avoir des données positives sur la somme à laquelle ils s'élèveront pendant un période marqué, que leur augmentation ou leur diminution est assujétie à des causes différentes. Les douanes et les contributions indirectes pourront, par l'augmentation de leurs produits, attester la prospérité des industries et l'aisance des citoyens, et l'enregistrement rester spectateur de cette augmentation sans y prendre part, tandis que la misère publique, amenant la diminution des douanes et des contributions indirectes, procurera une augmentation à l'enregistrement, ou du moins ne l'affaiblira pas. Un tel résultat est fondé sur ce que l'enregistrement prospère au moins autant par les affaires malheureuses que par les bonnes affaires des citoyens. Il est à souhaiter que des temps plus heureux permettent de réviser la législation de cette branche essentielle de notre revenu, et de l'asseoir sur les vrais principes de tout impôt.

La perception de ces droits et produits s'opère, en vertu des lois en vigueur, sous la direction des cinq directeurs généraux de ces administrations et sous la surveillance du Ministre des finances. Toutes ces administrations ont le même objet, celui de percevoir les droits au moment où ils sont dus, et d'en mettre le produit à la disposition du Ministère; dans la plupart des circonstances, elles opèrent de la même manière. Toutes prélèvent sur le produit brut le montant des frais administratifs et de régie; toutes retiennent sur les traitemens d'activité un fonds de retraite, et toutes ont leurs retraités qu'elles payent sur ce fonds ou sur ceux de l'État ; mais toutes ne comptent pas de la même manière.

L'administration de l'enregistrement est la seule qui close, au 31 décembre, la perception de l'année ; les quatre autres, si l'on en juge par leurs comptes qui sont développés dans le 2.ᵉ vol. du compte des Ministres, sont dans l'usage d'appliquer leurs recettes à l'année pendant laquelle elles auraient dû être faites : c'est ainsi que les administrations des douanes, des contributions indirectes, des postes et des loteries paraissent avoir reçu, pendant 1816, diverses sommes applicables aux exercices 1814 et 1815.

On ne voit pas trop pourquoi la recette des loteries n'est point appliquée à l'exercice 1816 ; mais il n'en est pas de même des recettes faites par les douanes, les contributions indirectes et les postes. Ces recettes ont pour objet des droits constatés pendant l'année 1815, et qui n'ont été recouvrés que pendant 1816. Mais cette distinction est-elle nécessaire, lorsque ces administrations ne sont pas assujéties à compter des droits constatés, mais seulement des droits perçus ?

La résolution de cette question n'est pas douteuse ; dès que les droits constatés n'établissent pas la charge de l'administration vis-à-vis de l'État, et dès que chaque article de recette n'est pas destiné à éteindre une de ces charges, c'est une puérilité de distinguer, dans ces articles de recettes qui ont lieu le même jour et de la même manière, ceux qui se rattachent à la constatation de la veille ou à celle du lendemain. Cette distinction, inutile dans ce cas, est entièrement nuisible parce qu'elle tend à retarder la marche des comptes et à les compliquer, à brouiller les idées, et conséquemment à obscurcir la connaissance de la situation financière de l'État.

Reste à juger la question de savoir si, dans les cinq administrations financières, il n'y en aurait pas quelqu'une dont les agens devraient être assujétis à compter des droits constatés ; il paraîtra toujours fort surprenant qu'un receveur particulier soit responsable du débet d'un percepteur, s'il ne justifie pas qu'il a fait toutes les poursuites qu'il était humainement possible de faire, et que cette responsabilité ne pèse pas de la même manière, et même plus fortement encore, sur un receveur de douanes qui aura laissé enlever la marchandise qui devait et qui garantissait le paiement du droit. Mais cette question n'appartient pas à mon sujet.

Quelle que soit la manière dont les administrations financières devront compter, soit d'après les droits constatés, ou soit d'après les droits perçus, il est indispensable que leurs comptes s'arrêtent à la même époque que tous les autres comptes du royaume, c'est-à-dire, d'après le système actuel, au 31 décembre de chaque année, sauf à n'avoir égard, dans la formation du budget, qu'aux droits réellement perçus et aux frais d'administration et de régie réellement payés.

Par cette simple détermination, aussi utile pour faciliter la vérification des comptes, qu'elle est indispensable pour connaître la situation financière de l'État, on portera une amélioration considérable dans les comptes de ces administrations, en en faisant des comptes de gestion, tandis que ceux qui sont faits maintenant ne sont ni des comptes de gestion ni des comptes d'exercice, et qu'ils ont les inconvéniens de ces deux espèces de comptes, sans avoir les avantages d'aucune.

Salines de l'Est.

Les Salines de l'Est sont affermées ; le prix de leur bail est réglé d'après la fabrication. Le bon ordre veut que cette fabrication soit connue et constatée chaque jour, et l'on ne peut douter qu'il n'en soit ainsi d'après le tableau inséré au projet de loi de finances de 1818, pag. 228-229; dès-lors il n'y a aucune difficulté à régler, dans les premiers jours de janvier, le prix du bail de l'année finie le 31 décembre.

Recettes accidentelles.

Les recettes accidentelles se composent de tous les versemens, faits aux caisses publiques, des sommes dues éventuellement à l'Etat pour quelque cause que ce soit. Dans toutes les comptabilités, ces recettes ont, de tout temps, appartenu au compte de l'exercice de l'année dans laquelle elles ont eu lieu, et leur montant annuel a été arrêté, dans chaque comptabilité particulière, à la somme reçue depuis le 1.ᵉʳ janvier jusqu'au 31 décembre, sans avoir égard aux exercices dans la durée desquels s'étaient passés les faits qui donnaient lieu aux versemens. Mais le Ministère faisait ensuite dans son sein la décomposition de ces recettes, pour les appliquer aux exercices d'où elles provenaient.

Cette marche vicieuse, qui détruisait toute harmonie entre les comptes, dut, plus d'une fois, paraître impraticable, lors, par exemple, que le motif de ces versemens remontait à trente et quarante ans, comme il y en a eu plusieurs, notamment pour les monnaies, après l'institution de la cour des comptes.

En définitive, ces recettes accidentelles doivent figurer, soit dans le compte du budget, soit dans le compte des caisses, pour la somme qu'elles ont produite effectivement pendant le période donné, sans plus ni moins.

Des Ressources extraordinaires.

Les ressources extraordinaires sont établies sur des impositions ou sur des emprunts.

Je distingue les emprunts en obligés et en volontaires.

J'appelle emprunts obligés tous les paiemens qui ne sont pas faits avec la monnaie légale, mais bien en valeurs créées par le Trésor, et que la partie prenante refuserait, si elle le pouvait. Par contre, j'appelle emprunts volontaires, toutes les négociations faites à prix débattu entre le public et le Ministère.

Ces emprunts ont lieu, ou d'après une loi, pour suppléer au déficit des revenus de l'État, ou d'après des ordonnances royales, pour faciliter le service des caisses du Trésor.

L'État doit faire les fonds des uns, mais non des autres, parce que le Trésor trouve, dans les ressources créées par les lois des finances, les moyens de faire face à cette dette.

Cette distinction est de la plus haute importance pour l'intelligence des comptes des finances : examinons maintenant comment ces différentes opérations devront figurer dans les comptes.

Les impositions, comme les autres contributions, d'après le montant des rôles.

Les emprunts publics ou royaux, d'après les dates de leur réalisation, avec cette différence que les emprunts publics figureront dans le compte du budget et dans celui des caisses, tandis que les emprunts royaux ne figureront que dans ce dernier.

On ne manquerait pas sans doute de remarquer la différence que j'établis entre deux points qui cependant paraissent semblables, lorsque je demande que les comptes du Ministre des finances soient dressés, pour les contributions directes, d'après les rôles ; tandis que je propose qu'ils le soient, pour les administrations financières, d'après les droits perçus, et non d'après les droits constatés, quoique ceux-ci soient effectivement des rôles. Je crois pouvoir prévenir cette remarque d'une manière satisfaisante.

On doit chercher et trouver, dans un compte de budget, le montant invariable des revenus d'une année, et la distribution de ce montant entre les Ministres ordonnateurs. Or, pour obtenir ce résultat, il ne faut point y comprendre de données incertaines. Les contributions directes y entrent naturellement, à cause de la garantie que le fonds de non-valeur donne de leur entier recouvrement, et parce que, d'ailleurs, elles ne sont susceptibles d'aucune réduction ni répétition ultérieures. Mais il n'en est pas de même des contributions indirectes : la surveillance de l'employé est la seule garantie d'un droit constaté chez un débitant qui, malgré cette surveillance, disparaîtra sans payer. Il ne serait pas raisonnable de compter sur ce droit, s'il ne doit pas rentrer, et il ne serait pas juste d'y compter, s'il est perçu, parce que, avant d'être disponible, il est le gage des frais de toute nature restant dus à la fin de l'année.

Ces motifs, joints à ceux que j'ai développés dans la vi.ᵉ Remarque, me déterminent à penser que les contributions indirectes, comme toutes les autres adminis-trations financières, ne doivent entrer dans la constitution du budget que pour les droits perçus pendant l'année ; mais, du reste, loin de repousser les droits constatés comme base de la comptabilité particulière de ces administrations, je pense, au contraire, qu'il faut appliquer ce mode à toutes les administrations qui en sont susceptibles.

DES DÉPENSES DE L'ÉTAT.

A mesure que les revenus dont nous venons de parler sont réalisés, mettre le produit des recettes à la disposition des Ministres ordonnateurs, faire payer leurs ordonnances après s'être assuré qu'elles ne dépassent ni la somme dont ils peuvent disposer pour le moment ni celle qui leur a été accordée par la loi, et surveiller l'exactitude des paiemens de la part des agens qui en sont chargés, sont les obligations que les dépenses de l'État imposent au Ministre des finances, comme chargé de la recette et de la dépense.

Ainsi l'on voit que, si les Ministres ordonnateurs n'ont aucun motif plausible pour différer de régler les mémoires des dépenses, il n'en est pas de même de l'ordonnancement de ces mémoires, puisqu'il est subordonné à la réalisation des revenus, afin de ne pas exposer les ordonnances des Ministres à demeurer sans paiement.

Mais il peut arriver qu'il y ait des dépenses qui ne puissent pas être ajournées, et cependant que la réalisation des ressources s'opère trop lentement pour y faire face ; dans ce cas, le Ministre y supplée par des négociations dont les frais donnent naissance à une dépense nouvelle, connue sous la dénomination de *frais de négociations*.

Frais de négociations.

Il a tant et si diversement été parlé de ces frais, que je crois utile de répondre à quelques observations judicieuses qui ont été faites.

Quelques personnes ont demandé comment il pouvait se faire que ces frais s'élevassent, pour 1816, à la somme exorbitante de 16,549,160 fr.; tandis que, d'après le compte du budget de cette année, les ressources réalisées à l'époque du 1.er juillet 1817 excédaient les paiemens effectués de 47,647,250 fr.

Je vais plus loin que ces personnes-là : le net des recouvremens réalisés à l'époque du 1.er janvier 1817 s'élevait, ainsi que je l'établirai plus tard, à 810,605,198 f. 06 c.

Tandis que les paiemens effectués ne s'élevaient, suivant le (C. M., 1.er vol., pag. 26-27), qu'à........................ 683,708,758 08

Ce qui établissait un excédant de ressources, au 1.er janvier 1817, de.. 126,896,140 88

Je commence par convenir qu'il est permis de penser, au premier aspect, qu'avec un tel excédant de ressources, le service pourrait se faire sans frais, puisque, en retranchant de cette somme les 75 millions existant dans toutes les caisses au 31 décembre, et les 25 millions d'avances à recouvrer et à régulariser, il restait encore une latitude de 26 millions.

Mais ce premier aspect est susceptible de très-grandes modifications.

Les contributions directes, quoique devant être perçues par douzièmes, rentrent plus lentement dans le commencement de l'année qu'à la fin, soit parce que, depuis plusieurs années, les rôles ne sont jamais faits à temps, ou soit plutôt parce que les contribuables n'ont pas encore fait de récolte pour pouvoir payer.

Les douanes rentrent, en très-grande partie, en traites à quatre et à six mois. Elles en ont produit, pendant 1816, pour 44,544,825 fr. 54 cent., dont l'escompte à 2 pour cent, compris la commission de recouvrement, monte à environ 900,000 fr.

Les coupes de bois, dont le produit s'est élevé à environ 13 millions, ont été également recouvrées en obligations à des échéances encore plus éloignées; ce qui démontre, par rapport aux recettes, d'une part, que le Trésor ne jouit pas de la même aisance à toutes les époques de l'année; et, de l'autre, la nécessité d'une dépense d'environ 1,500,000 fr.

Vient ensuite la dette des caisses montant, d'après la situation générale des finances, à 105,937,917 fr. 86 cent. En prenant cette situation pour bonne, quoique nous ayons démontré, dans notre xv.ᵉ Remarque, qu'elle était trop foible, on voit qu'elle se compose d'un passif montant à 268,393,378 fr. 11 cent. tout entier susceptible d'intérêts à payer; tandis que l'actif ne présente d'articles passibles d'intérêts à recevoir, que le solde de caisse des receveurs-généraux, les créances à recouvrer sur divers correspondans, et peut-être les débets de comptables; tous lesquels articles s'élevant à peine à 42 millions, laissent, pendant l'année entière, le Trésor chargé de servir les intérêts sur environ 226 millions; à raison de cinq pour cent seulement, cette somme présente une dépense de plus de 11 millions qui, ajoutée à celle de 1,500,000 f., occasionnée par les valeurs de la recette, donne déjà une dépense de 12,500,000 f.; et, en ajoutant à cette somme les commissions et les bonifications accordées aux receveurs généraux, tant pour supplément de traitement que pour récompense de leurs bons services, on reconnaît aisément que la somme demandée pour frais de négociations n'a rien d'exorbitant. C'est ainsi que, par le raisonnement, on s'explique le montant d'une dépense sans en voir les mémoires, de même qu'un géomètre mesure l'étendue d'une forêt sans y pénétrer.

Le Ministre des finances réglant lui-même le montant de ces frais, savoir; pour les négociations, au moment où elles sont faites, et, pour les comptes courans, à des époques périodiques, ne peut éprouver aucun embarras pour en constater le montant à une époque donnée.

CONCLUSION.

Cette analyse démontre :

Par rapport aux revenus de l'État, que l'incertitude sur la somme à laquelle ils s'élèveront pendant une année finit nécessairement, pour les contributions directes, dès que les rôles sont confectionnés, et, pour tous les autres produits, dès que le Ministère a reçu les comptes des actes qui ont eu lieu jusqu'au 31 décembre, de la part de tous les agensde la perception.

Et, par rapport aux dépenses, que le Ministère des finances, comme chargé de la recette et de la dépense, ne peut avoir d'incertitude que pour la fixation de la dépense résultant des frais de négociations, puisqu'il n'est chargé, pour toutes les autres, que de les faire payer; que cette incertitude finit nécessairement quand il le veut, et enfin que la connaissance des paiemens effectués par les agens de la dépense lui est transmise périodiquement.

Or, les rôles étant faits dans le courant de l'année, les comptes des agens de la perception et de ceux de la dépense parvenant ordinairement dans les premiers jours de janvier, et les frais de négociations pouvant être déterminés à volonté par le Ministère, il s'ensuit que le Ministre des finances pourrait dresser son compte dès la fin du même mois de janvier, et conséquemment exécuter la loi du 25 mars 1817; mais que, reculant cette époque au 1.ᵉʳ avril, comme pour les Ministres ordonnateurs, les comptes que le Ministre des finances rendrait alors des opérations, au 31 décembre, seraient infailliblement immuables.

Nous allons compléter cette démonstration en formant le compte des finances de 1816 d'après les élémens qui ont été rendus publics, se rapportant à l'époque du 1.ᵉʳ janvier 1817.

DU COMPTE DES FINANCES DE 1816.

Les comptes des finances, qui sont rendus par le Ministre de ce département, comprennent, comme tous les comptes possibles, deux parties bien distinctes, la partie de droit et la partie de fait.

La partie de droit est le compte de raison; et, dans le cas qui nous occupe, le compte du budget.

La partie de fait est le compte matériel, celui des caisses, qui donne naissance à la responsabilité de tous les agens.

Ces deux parties, qui dérivent l'une de l'autre, et qui se prouvent l'une par l'autre, ne peuvent jamais être mêlées, sans qu'il y ait confusion.

COMPTE DE DROIT

ou

COMPTE DU BUDGET DE L'ANNÉE 1816.

Ce compte se divise naturellement en trois parties.

La première, pour les contributions directes, traite de la confection des rôles, en la comparant avec la loi, et fait l'application des fonds imposés.

La deuxième, pour les revenus indirects, fait connaître le montant brut auquel ils se sont élevés et les dépenses à prélever sur ce montant, pour faire sortir de leur comparaison le montant net applicable aux dépenses générales de l'État.

Et la troisième, pour les ressources extraordinaires, rend compte de celles dont il a été fait usage pendant l'année.

La récapitulation de ces trois parties sera le fondement solide de la responsabilité de tous les agens comptables, et fixera, d'une manière invariable, l'*actif* de l'État.

Le *passif*, qui sera déjà du montant des crédits provisoires accordés au commencement de l'année, sera porté à la somme fixe des dépenses arrêtées par les Ministres, et de sa comparaison avec l'actif résultera la situation financière de l'État.

COMPTE DU BUDGET DE 1816.

PREMIÈRE PARTIE.

Confection des rôles des contributions directes pour l'année 1816, et application des fonds imposés. (Voir le compte des Ministres, 2.ᵉ vol., p. 18).

CONFECTION DES RÔLES.

La loi sur les finances, du 28 avril 1816, a ordonné:

ART. 20. La contribution foncière, la contribution personnelle et mobilière et la contribution des portes et fenêtres seront perçues en 1816, en principal sur le même pied qu'en 1815, et réparties dans les mêmes formes.

21. Les patentes continueront d'être établies et perçues comme en 1815.

22. Les centimes additionnels aux quatre contributions directes perçues en 1815, conformément aux tableaux annexés à la loi du 23 septembre 1814, continueront de l'être en 1816.

34. Il sera perçu extraordinairement, en 1816, 110 c. sur les patentes, y compris 10 c. pour fonds de non-valeur et dégrèvement, 50 c. sur le principal des portes et fenêtres, 10 c. sur le principal de la personnelle et mobilière.

28. Il sera aussi, comme précédemment, imposé en sus cinq centimes au principal de la contribution foncière et de la contribution personnelle et mobilière de 1815, pour subvenir aux dépenses des communes.

Dans le cas où, ces centimes épuisés, la commune aurait à pourvoir à une dépense urgente, etc.

35. Indépendamment des contributions autorisées, les conseils-généraux de département pourront, avec l'approbation du Ministre de l'intérieur, établir des impositions facultatives, dont le montant ne devra pas excéder cinq centimes du principal des contributions foncière, personnelle et mobilière de 1816.

27. Les traitemens fixes et remises des receveurs-généraux et des receveurs particuliers, ainsi que les remises des percepteurs à vie, seront imposés en sus dans les rôles des quatre contributions.

	FONCIÈRE.	PERSONNELLE et MOBILIÈRE.	PORTES et FENÊTRES.	PATENTES. C.	TOTAL.
	f. c.	f. c.	f. c.	f. c.	f. c.
Ces contributions s'élevaient pour 1815, suivant les tableaux annexés à la loi du 23 septembre 1814. (Principal)........	172,132,202 »	27,289,683 »	12,891,711 »	....	212,313,596 »
Les rôles qui ont été confectionnés pour 1816 ont porté ce principal à........	B. 175,054,199 »	A. 27,244,693 »	A. 12,874,230 «	«...	215,173,122 »
Les rôles qui ont été confectionnés pour 1816, ont élevé le principal des patentes à........	»	»...	»...	19,945,250 »	19,945,250 »
Ces centimes se sont élevés: Foncière et personnelle....50 c.	D. 85,965,225 »	13,622,318 «	»...	»...	
Portes et fenêtres....10	»...	»...	1,287,420 »	»...	
Patentes....5	»...	«...	»...	997,260 »	101,872,223 »
Ces 110 c. se sont élevés à....				17,440,969 »	
Ces 50 id. à....			6,437,113 »		26,602,551 »
Ces 10 id. à....		2,724,469 «			
Pour remboursement de surtaxes, etc.; fonds de réimposition......	391,619 »	339,545 »	8,035 »		739,199 »
Pour frais d'experts à la charge des communes........	20,080 »				20,080 »
Pour dépenses ordinaires et urgentes des communes......	10,201,132 »	2,277,053 »			12,478,185 »
Ces centimes facultatifs se sont élevés à........	6,259,422 »	1,048,697 «			7,308,119 »
Pour traitemens et remises des receveurs généraux et particuliers, à....	2,002,460 »	298,025 »	130,668 »	147,945 «	2,579,098 «
Pour remises des percepteurs......	11,267,278 »	1,585,491 »	696,028 »	1,395,152 »	14,943,949 »
TOTAL général du montant des rôles de 1816......	291,161,415 »	49,140,291 »	21,433,494 »	39,926,576 »	401,661,776 »

OBSERVATIONS.

A. La différence en moins de f. 44,990 sur la personnelle et mobilière, et de 17,481 sur les portes et fenêtres, provient sans doute des distractions de territoire, lesquelles ont dû opérer diminution sur les contributions directes, conformément à l'art. 30 de la loi du 28 avril.

B. La différence de 2,921,997 en plus sur la foncière, provient, compensation faite des sommes retranchées pour distraction de territoire, de la contribution des biens rendus, laquelle a dû, conformément à l'art. 31 de ladite loi, accroître le contingent des communes.

C. On a cherché, pour les patentes, à se mettre d'accord avec le compte rendu, mais il a été impossible d'y parvenir.

La loi de 1816 a ordonné que les patentes seraient établies et perçues comme en 1815; celle de 1815 avait ordonné qu'elles le seraient comme en 1814, et ainsi de suite, de manière à nous reporter à la législation de 1791. Dans ces temps-là les communes étaient chargées de confectionner les rôles des patentes qui se composaient du principal et de 5 c. pour non-valeurs. Afin de couvrir les communes des frais de confection des rôles, et pour les intéresser à comprendre exactement dans ces rôles tous les patentables, il leur avait été accordé $\frac{1}{7}$ sur le principal. Lorsque la direction des contributions fut instituée, elle dut faire les rôles des patentes comme tous les autres, et alors il fut juste de retrancher aux communes ce qui avait pu leur être accordé pour cet objet. Ce retranchement fut de 02 c.; il leur en resta donc 08 applicables à leurs dépenses. Mais cette concession n'était plus qu'une générosité de la loi, puisque les communes ne prenaient plus de part ni à la confection des rôles ni à la découverte des imposables: aussi cette concession fut-elle restreinte. Les 08 c. durent être ajoutés aux 05, pour former un fonds commun de 13, sur lequel on prélèverait d'abord le montant des décharges qu'il serait nécessaire d'accorder. Le surplus dut être payé aux communes. Telle est l'origine des 08 c. Maintenant si l'on prend le $\frac{1}{4}$ de ces 08 c. portés au compte, on obtient pour 1 c. .... 199,453 »

Si l'on prend le $\frac{1}{5}$ des 05 c. pour non-valeurs portés audit c.ᵗᵉ. 199,451 » ces deux parties sortant du rôle primitif, et donnant pour montant de ce rôle une moyenne de f. 19,945,250, on a porté cette somme dans l'état ci-contre, avec d'autant plus de raison que les 10 c. sortant du doublement confirmaient toutes ces données. On a porté ensuite ce qui restait de disponible sur le montant des rôles, sous le titre de 110 c. pour. 17,440,969 .

Mais en retranchant les 10 c. affectés aux non-valeurs par ledit art. 34, pour la somme portée au compte ren su,. 1,994,510 »

Au lieu d'un doublement de 19.945,250, il ne reste que... 15,446,459 »

On a pensé alors que l'administration, secondant les vues paternelles qui la dirigent, avait bien pu tempérer la lettre de la loi en se conformant à son esprit, et reconnaître que le doublement ne devait porter que sur la partie revenant effectivement à l'État sur le rôle primitif. Or, ce rôle qui s'élève d'après toutes ces données à.................... 19,945,250 »

étant diminué de 08 cent. attribués aux communes.................... 1,595,627

et de 02 c. pour frais de confection des rôles.... 398,905

1,994,532 »

Se réduirait à.................... 17,950,718 »

Dont les 110 c. étaient de.................... 19,745,789 »

somme encore supérieure à celle ci-dessus de............ 17,440,969 »

Mais alors les 10 c. applicables aux fonds de non-valeur du doublement, ne seraient plus que de 1,795,071, au lieu de 1,994,510 que le compte présente.

D. Les 50 c. imposés sur la contribution foncière montant à 85,965,225, ne supposent un principal que de.................... 171,930,450 »

Il s'élève cependant, d'après le compte rendu, à........ 175,054,199 »

Imposé en plus.................... 3,123,749 »

On est très-porté à croire que cette somme de 3,123,749 est celle de la contribution des biens rendus, et que la différence de 171,930,450 à 172,132,202 portés en l'état annexé à la loi du 23 septembre 1814, représente les retranchemens de territoire: mais alors ces biens auraient-ils été imposés d'une autre manière que tous les autres, et ne l'auraient-ils été qu'en principal, ou bien l'erreur n'existe-t-elle que sur le compte rendu? — Quoi qu'il en soit, il est à désirer de voir la contribution de ces biens réunie aux autres, et figurer sur le budget de l'État, pour en accroître les ressources.

SUITE DE LA PREMIÈRE PARTIE.

Application des fonds imposés en contributions directes.

MOTIFS DES APPLICATIONS.	FONCIÈRE.	PERSONNELLE et MOBILIÈRE.	PORTES et FENÊTRES.	PATENTES.	TOTAL.
Aux dépenses générales de l'État.					
Principal des trois contributions fixes	175,054,199 //	27,244,693 //	12,874,230 //	....	215,173,122 //
Id.— du rôle primitif des patentes sous la déduction des 08 c. affectés aux dépenses des communes..............	....	....	....	18,349,623 //	18,349,623 //
53 c. sur les 5o des contributions foncière, personnelle et mobilière..............	56,737,050 //	8,990,730 //	....	....	65,727,780 //
Percept-tion extraor-dinaire. { 110 c. des patentes sous la déduction de 10 c. affectés aux non valeurs..	....	....	....	15,446,459 //	15,446,459 //
5o c. des portes et fenêtres........	....	....	6,437,113 //	....	6,437,113 //
10 c. de la personnelle et mobilière.	....	2,724,469 //	....	....	2,724,469 //
TOTAUX....	231,791,249 //	58,959,892 //	19,311,343 //	33,796,082 //	523,858,566 //
Aux dépenses départementales.					
Art. 24. { 10 c. sur les 5o à la disposition des préfets.....................	17,193,046 //	2,724,464 //	....	....	19,917,510 //
2 id... id... du ministre de l'intérieur.	3,438,609 //	544,893 //	....	....	3,983,502 //
Art. 55. Centimes facultatifs à la disposition des préfets...........................	6,259,422 //	1,048,697 //	....	....	7,308,119 //
TOTAUX....	26,891,077 //	4,318,054 //	....	....	31,209,131 //
Aux dépenses des communes.					
Art. 28. { Produit des 5 c. fixes et des centimes facultatifs...................	10,201,132 //	2,277,053 //	....	....	12,478,185 //
Pour frais d'experts..........	20,080 //	....	....	....	20,080 //
Législation ancienne. Produit des 08 cent. sur patentes..............................	....	....	....	1,595,627 //	1,595,627 //
TOTAUX......	10,221,212 //	2,277,053 //	....	1,595,627 //	14,093,892 //
Aux non-valeurs, décharges et modérations.					
Art. 22. { 1 c. sur les 5o à la disposition des préfets....................	1,719,304 //	272,446 //	....	....	1,991,750 //
4 ....id.... id....du ministre. (Fonds commun)...............	6,877,216 //	1,089,785 //	....	....	7,967,001 //
10 c. pour frais de confection des rôles, dégrèvemens et non-valeurs....	....	....	1,287,420 //	....	1,287,420 //
5 c. du rôle primitif des patentes.	....	....	....	997,260 //	997,260 //
Art. 54. 10 c. de celui de doublement......	....	....	....	1,994,510 //	1,994,510 //
TOTAUX....	8,596,520 //	1,362,231 //	1,287,420 //	2,991,770 //	14,237,941 //
Aux remboursemens pour surtaxe, etc.; fonds de réimposition.					
Art. 28. Centimes facultatifs...........	391,619 //	339.545 //	8,035 //	....	739,199 //
Aux traitemens fixes et aux remises des receveurs généraux et particuliers ..	2,002,460 //	298,025 //	130,668 //	147,945 //	2,579,098 //
Aux remises des percepteurs à vie......	11,267,278 //	1,585,491 //	696,028 //	1,395,152 //	14,943,949 //

RÉCAPITULATION.

	FONCIÈRE.	PERSONNELLE et MOBILIÈRE.	PORTES et FENÊTRES.	PATENTES.	TOTAL.
Aux dépenses générales de l'État............	231,791,249 //	38,959,892 //	19,311,343 //	33,796,082 //	523,858,566 //
—————— départementales.............	26,891,077 //	4,318,054 //	....	....	31,209,131 //
—————— des communes...........	10,221,212 //	2,277,053 //	....	1,595.627 //	14,093,892 //
Aux non-valeurs, décharges et modérations..	8,596,520 //	1,362,231 //	1,287,420 //	2,991,770 //	14,237,941 //
Aux remboursemens pour surtaxe, etc, fonds de réimposition,...............	591,619 //	339,545 //	8,035 //	....	739,199 //
Aux traitemens et remises des receveurs généraux et particuliers.............	2,002,460 //	298,025 //	130,668 //	147,945 //	2,579,098 //
Aux remises des percepteurs à vie...........	11,267,278 //	1,585,491 //	696,028 //	1,395,152 //	14,943,949 //
SOMMES égales au montant des rôles.	291,161,415 //	49,140,291 //	21,435,494 //	39,926,576 //	401,661,776 //

DEUXIÈME PARTIE.

RECOUVREMENT DES REVENUS INDIRECTS.

Administration de l'enregistrement et des domaines et forêts.
(C. M., 2.ᵉ vol., pag. 44 et suiv.)

	RECOUVREMENT	
	BRUT, fait ou à faire, établissaut la responsabilité des agens.	NET, applicable aux dépenses génér.ˡᵉˢ de l'Etat.
	f. c.	f. c.

Recouvremens et perceptions de toute nature faits par les agens de cette administration pendant 1816...................... 197,163,445f. 51c. | 197,163,445 51 | |

A déduire.

Recettes sur coupes de bois de l'ordinaire de 1817, pour l'appliquer à l'exercice de 1817.... 18,696,577 82
Frais d'administration et de régie.... 20,474,287 80 } 40,017,108 86
Retenues sur traitemens et remises, pour les porter à leur article.......... 846,243 24

RESTE........... 157,146,336 65

A ajouter.

Coupes de bois de l'ordinaire de 1816, reçues en 1815... 11,668,589 91

TOTAL................ 168,814,926 56 | ci............ | 168,814,926 56

C'est pour se conformer au compte, qu'il a été fait déduction des coupes de bois de 1817, et augmentation de celles de 1816. Mais ne serait-il pas plus convenable de s'affranchir pour toujours de cette opération, en comprenant le produit de ces coupes dans le budget de l'année où il rentre?

Tous les ans on procède à la vente des coupes à faire dans l'année suivante. Immédiatement après l'adjudication, les adjudicataires souscrivent leurs traites que le Ministre considère comme des valeurs disponibles, dès qu'elles lui sont parvenues, et qu'il emploie à son service, ainsi qu'il résulte des rapprochemens suivans :

Le 31 décembre 1816, il ne restait, dans les porte-feuilles, en traites d'adjudicataires de coupes de bois
Au Trésor, et chez les recev. gén. (1.ᵉʳ vol., p. 54), que. 12,656,286f. 49c.
Chez les préposés de l'administration (2.ᵉ vol., p. 52), que. 1,504,621 02

TOTAL.............. 14,160,907 51

Ainsi, en supposant, 1.ᵉ que toutes ces traites s'appliquassent à l'ordinaire de 1817, ce qui n'est pas probable; 2.° que la recette de l'ordinaire de 1817 comprît le décime à verser en numéraire, les $\frac{10}{11}$ de la somme ci-dessus à verser en traites seraient de 16,996,888 93

Différence représentant les négociations faites......... 2,835,981 42 | *Mémoire.* | |

A transporter.......... | 197,163,445 51 | 168,814,926 56 |

	RECOUVREMENT	
	BRUT, fait ou à faire, établissant la responsabilité des agens.	NET, applicable aux dépenses génér.les de l'Etat.
Report	197,163,445 51	168,814,926 56
Administration des douanes (C. M., 2ᵉ vol., pag. 72 et suiv.).		
Recouvremens et perceptions de toute nature faits par les agens de cette administration pendant 1816 .... 94,630,039 f. 46 c.	94,630,039 46	
A déduire.		
Recettes appart. à l'exercice de 1814. 97 10		
Idem 1815. 918,481 56		
Frais d'administration et de régie. .. 22,708,295 77 } 24,028,913 91		
Retenues proportionnelles......... 402,039 48		
Reste................ 70,601,125 55	....	70,601,125 55
Administration des contribut. indir. (C. M., 2.ᵉ vol., p. 100 et suiv.).		
Recouvremens et perceptions de toute nature faits par les agens de cette administration pendant 1816. .... 140,641,892 f. 61 c.	140,641,892 61	
A déduire.		
Recettes appart. à l'exercice de 1814. 327,384 f. 77 c.		
Idem....................1815. 2,891,059 92		
Frais d'administration et de régie... 41,970,002 16 } 46,269,192 78		
Retenues proportionnelles......... 1,080,745 93		
Reste 94,372,699 83	ci............	94,372,699 83
Administration des postes (C. M., 2ᵉ vol., p. 124 et suiv.)		
Recouvremens et perceptions de toute nature faits par les agens de cette administration pendant 1816...................... 21,029,803 f. 28 c.	21,029,803 28	
A déduire.		
Recettes appart. à l'exercice de 1815 . 102,118 78		
Frais d'administration et de régie... 8,942,373 80 } 9,232,108 70		
Retenues proportionnelles 187,616 12		
Reste.................. 11,797,694 58	....	11,797,694 58
Administration des loteries (C. M., 2.ᵉ vol., pag. 144.)		
Recouvremens et perceptions de toute nature faits par les agens de cette administration pendant 1816...................... 42,648,370 05	42,648,370 05	
A déduire.		
Recettes appart. à l'exercice de 1814. 1,511 12		
Idem....................1815. 444 58		
Frais d'administration et de régie... 3,753,689 02 } 33,236,636 14		
Lots acquittés 29,305,040 50		
Retenues proportionnelles......... 175,950 92		
Reste.................. 9,411,733 91	....	9,411,733 91
A transporter............	496,113,550 91	354,998,180 43

	RECOUVREMENT	
	BRUT, fait ou à faire, établissant la responsabilité des agens.	NET, applicable aux dépenses gén.les de l'État.
	f. c.	f. c.

Salines de l'Est (B., f.º 94).

Report.............. | 496,113,550 91 | 354,998,180 43

Produit de leur bail pendant l'année 1816, lequel a été ou sera versé au Trésor royal.. | 2,750,580 | 2,750,580

Retenues proportionnelles sur traitemens et remises.

Pour le montant auquel ces retenues, calculées par avance, ont été reconnues devoir s'élever (B., f.º 94)................ 12,000,000 f. 00 c. | .... | 12,000,000

Mais il a été déjà porté dans le recouvrement brut pour ce qui a été reçu par les administrations financières, suivant les déductions faites à leur article, savoir :

Enregistrement et domaines........	846,243 24	
Douanes............	402,039 48	
Contributions indirectes..........	1,080,745 93	2,692,595 69
Postes..............	187,616 12	
Loteries..............	175,950 92	

Reste à porter en recouvrement brut.............. | 9,307,404 31 | 9,307,404 31

Produit des cautionnemens.

Pour les cautionnemens et supplémens de cautionnemens à fournir d'après la loi du 28 avril 1816 (B., f.º 94)........................ | 63,378,700 | 63,378,700

Il a été reçu en 1816 (Par le Trésor royal.......... 9,278,933 f. 04 c.
(C. M., 1.er vol., f.º 41). (Par les receveurs généraux..... 65,201,126 42

Total.............. 74,480,059 46

Les cautionnemens imposés par la loi du 28 avril 1816 n'étant que de................................ 63,378,700

La différence provient des cautionnemens versés par les nouveaux titulaires, et remboursables aux anciens....... 11,101,359 46 | .... | Mémoire.

Recettes accidentelles.

Monnaies (C. M., 1.er vol., f.º 41).

Pour ce qu'elles ont versé au Trésor royal............ | 42,182 50

Dons offerts au Roi (Idem).

Pour autant (Au Trésor royal.......... 267,505 24
versé........ (Aux recettes générales..... 152,495 43 | 421,538 33
(Aux payeurs............ 1,537 66

Recettes sur débets et reversemens de fonds payés (Idem).

Pour autant (Au Trésor royal....... 1,186,342 68
versé........ (Aux receveurs généraux. 1,077,156 81 | 2,263,499 49

Recettes diverses (Idem).

Pour autant (Au Trésor royal........ 433,086 41
versé........ (Aux receveurs généraux.. 9,242,988 07 | 2,680,409 48
(Aux payeurs............ 4,335

Total................... 5,407,629 80 | 5,407,629 80 | 5,407,629 80

A transporter..,............ | 576,957,865 02 | 438,535,090 23

	RECOUVREMENT	
	BRUT, fait ou à faire, établissant la responsabilité des agens.	**NET,** applicable aux dépenses génér.^{les} de l'Etat.
	f. c.	f. c.
Report..................	576,957,865 02	438,535,090 23
Abandon fait par le Roi et les princes (B., f.º 94.)............	11,000,000	11,000,000
Les comptables qui doivent être chargés de cette somme ne sont pas désignés.......................... *Mémoire.*		
Recettes des exercices 1814 *et antérieurs* (B., f.º 94 et 96), ci......... 11,450,000 f. 00 c.	....	11,450,000
A déduire.		
Pour ce qui a été recouvré antérieurement à 1816 (C. M., 1.er vol., f.º 10.)...................... 6,463,385 70		
Reste à recouvrer en 1816 ou postérieurement........ 4,986,614 30	4,986,614 30	
Total de la deuxième partie............	592,944,479 32	460,985,090 23

TROISIÈME PARTIE.

RESSOURCES EXTRAORDINAIRES.

Emploi du crédit de 6 millions de rentes ouvert par la loi du 28 avril 1816 (B., f.º 94).

Recouvré ou à recouvrer par le Trésor royal..................	69,759,600	69,759,600

RÉCAPITULATION.

PREMIÈRE PARTIE.

Contributions directes....................................	401,661,776	
Portion applicable.		
Aux dépenses générales de l'État..................	....	323,858,566
——— départementales { 10 c. à la dispos. des préfets. 19,917,510 f. 00 c. } { 2 c., fonds commun ...... 3,983,502 }	....	23,901,012

DEUXIÈME PARTIE.

Revenus indirects....................................	592,944,479 32	460,985,090 23

TROISIÈME PARTIE.

Ressources extraordinaires..............................	69,759,600	69,759,600
Total du recouvrement brut, fait ou à faire.........	1,064,565,855 32	
Lequel est applicable aux dépenses générales de l'État pour	....	878,504,268 23

Suite du compte du budget de 1816.

DES DÉPENSES DE L'ÉTAT.

Les dépenses de l'État ne peuvent être appréciées et réglées que par les Ministres, discutées et jugées que par la législature ; tout autre examen serait donc indiscret. Cette profession de foi explique d'avance la nature des changemens que je crois utile de porter aux crédits demandés par les Ministres. (B., pag. 95.)

En prenant toutes les branches de revenu pour ce qu'elles ont effectivement produit, il y a nécessité de comprendre aussi les dépenses de toute espèce, afin de ne pas avoir de mécompte ; par suite de cette nécessité, il me paraît convenable,

1.º De réduire le crédit des dépenses départementales de 29,508 fr. pour la différence qui existe entre la somme de 23,930,520 fr. portée jusqu'à présent, et celle de 23,901,012 fr., montant des 12 centimes appliqués par la loi à ces dépenses ;

2.º D'augmenter le crédit du Ministère des finances (service ordinaire) d'une somme de 1,537,114 fr. 40 cent. à laquelle montent, d'une part, les restitutions de produits de coupes de bois faites par le Trésor royal à Paris (C. M. 1.ᵉʳ vol., pag. 39), ci.................................... .... 136,523 f. 58 c.

Et, de l'autre, les taxations des receveurs généraux et particuliers (même vol., pag. 41) ci............................ 1,400,590 82

Égalité............. .... 1,537,114 40

Il est aisé de voir que cette rectification n'est que pour ordre, et je me plais à penser qu'on n'y verra pas autre chose. Si cependant on voulait y trouver, à l'égard des restitutions, une innovation dont les conséquences pourraient être dangereuses, en ce qu'elle tendrait à soumettre au jugement de la législature des actes faits en vertu d'un pouvoir qui appartient incontestablement au Gouvernement, je dois prévenir et expliquer une telle interprétation.

Lorsqu'un produit a été indûment perçu, il n'y a pas de doute que, dans tous les temps, le Ministère n'ait le droit d'en consentir, et les tribunaux, à défaut de ce consentement, d'en ordonner la restitution. Mais il est également hors de doute que la législature, qui a le droit de juger les comptes des Ministres, n'ait aussi celui de prendre connaissance de tous les incidens qui se sont présentés dans les perceptions qu'elle a ordonnées, non pour réformer ce qu'elle trouverait de vicieux dans les actes passés du Ministère, mais pour préserver les actes futurs du même vice.

Ainsi, cette mauvaise interprétation serait même sans fondement.

Le Ministère, en faisant soustraction sur les recettes du montant des taxations, opérait le même résultat que s'il les eût portées en dépense, mais avec cette différence qu'il s'astreignait à prendre cette déduction en considération dans tous les rapprochemens ultérieurs entre les recettes et les dépenses, et qu'il évitait cet inconvénient, en opérant comme il est proposé.

Pour la somme des restitutions, il ne paraît pas qu'on ait songé à l'imputer sur les produits du budget; en sorte que, si le compte de ce budget eût été rigoureusement juste, ces restitutions auraient fait nécessairement déficit dans les ressources données au Trésor pour l'acquittement des dépenses.

D'après ce qui précède, si, d'une part, on déduit.......... 29,508 00

Et que, de l'autre, on ajoute........................... 1,537,114 40

On ajoute, net...................... 1,507,606 40

Et alors, supposant que les crédits demandés par le projet de loi des finances de 1818 représentent exactement le montant des créances ouvertes sur le Ministère pour le service de l'année 1816; que ces dépenses sont définitivement approuvées par la législature, et qu'elles s'élèvent à 899,551,680 00

Les dépenses totales de ladite année seront de.............. 901,059,286 40

Les recouvremens applicables à ces dépenses étant de....... 878,504,268 23

Il en résultera un déficit à combler, en 1817, de............ 22,555,018 17

Tel aurait dû être le compte du budget de l'année 1816.

Par rapport aux recettes,

Parce que les contributions directes produiront infailliblement 323,858,566 pour les dépenses générales, et 23,901,012 pour les dépenses départementales, sans pouvoir produire, ni un centime de plus à moins que l'affectation des divers fonds ordonnée par la loi ne soit violée, ni un centime de moins à cause de la garantie de 14,237,941, donnée par le fonds de non-valeur, indépendamment de ce qui pourrait encore être repris sur les 8 centimes des patentes, ci................... 347,759,578 f.   c.

Parce que les produits des cinq grandes administrations de l'enregistrement, des douanes, des contributions indirectes, des postes et des loteries, sont entrés dans les caisses pour une somme nette de.. 354,998,180 43

Parce que les salines de l'Est ont produit ou produiront infailliblement.. 2,750,580

Parce que les retenues proportionnelles sur traitemens ont produit ou produiront, d'après les renseignemens recueillis par M. le
Ministre des finances...................................... 12,000,000

Parce que les cautionnemens ont été recouvrés en espèces ou
en engagemens, et que ces derniers ont été ou seront réalisés
contre espèces pour.. 63,378,700

Parce que les recettes diverses et accidentelles ont produit en
versemens réels effectués dans les caisses...................... 5,407,629 80

Parce que l'abandon fait par le Roi et par les Princes a produit
ou produira infailliblement.................................... 11,000,000

Parce que les recettes des exercices 1814 et antérieurs ont produit ou produiront, d'après l'assurance du Ministre............ 11,450,000

Et enfin, parce que l'emploi des 6 millions de rentes a pro-
druit et ne produira que....................................... 69,759,600

Total.......... 878,504,268 f. 23 c.

Par rapport aux dépenses,

Si MM. les Ministres ordonnateurs, après le grand arriéré
fondé par la loi du 28 avril 1816, avaient pu constater périodiquement leurs dépenses, pour faire faire, dans l'année suivante,
les fonds nécessaires pour les couvrir, ci.................... 901,059,286 f. 40 c.

Ce qui reproduit le déficit de................................ 22,555,018 17

Ce compte aurait pu être dressé, pour la recette, dès la fin de janvier 1817, parce
que, dans les premiers jours dudit mois, le Ministre des finances avait reçu les
comptes des opérations faites pendant le mois de décembre. Et, en supposant que
MM. les Ministres ordonnateurs n'eussent pas pu, à la même époque, faire connaître
leurs besoins, ce qui n'est que trop vrai d'après leur demande de nouveaux crédits
accueillie dans la loi du 25 mars 1817, et renouvelée dans le projet de loi de 1818,
du moins on aurait su, d'une manière positive, qu'on pouvait compter sur 878 millions
de ressources, et qu'on ne devait pas en attendre davantage. En un mot, sur deux
incertitudes, il n'en serait plus resté qu'une.

Nous disons donc que tel aurait dû être, du moins pour les recettes, le budget
de 1816, et que, pour cette partie, il aurait pu être dressé dès la fin de janvier 1817.

Quel est-il?

Sans examiner dans son ensemble le compte qui en est établi à l'époque du
1.er juillet 1817 aux pages 94 et 95 du projet de loi de finances de 1818, afin de

n'avoir pas à revenir sur les reproches que nous lui avons adressés, bornons-nous à l'envisager dans son résultat.

Il présente un complément de ressources à fournir de....... 6,121,670 f. 00 c.

Indépendamment d'un prélèvement déjà fait sur les ressources de 1817 de 23,525,859 fr., lequel, comparé au déficit que nous venons de trouver de 22,555,018 fr. 17 cent., forme une différence de.. 970,840   83

Laquelle, ajoutée au complément à fournir, donne une différence totale de.. 7,092,510   83

Et attendu que, dans notre résultat, la diminution de dépense de 29,508 fr. est balancée par une égale diminution en recette, mais que l'augmentation de dépense de 1,537,114 fr. 40 cent. est réelle, en ajoutant cette dernière somme à la différence ci-dessus, ci. 1,537,114   40

On trouve que le compte du budget, dressé au 1.er juillet 1817 et annexé au projet de loi de 1818, présente une atténuation de recette de.. 8,629,625   23

Laquelle atténuation porte :

Sur les contributions directes (v.e Remarque) pour.......... 3,118,425 f. 00 c.
Sur les recettes diverses (même Remarque), pour............ 4,007,629   80
Sur les produits des douanes (vi.e Remarque), pour........ 99,684   84
    Idem   des contributions indirectes (*ibid.*), pour..... 939,419   83
    Idem   des postes.............. (*ibid.*), pour..... 173,231   31
    Idem   des loteries............. (*ibid.*), pour..... 290,609   92
              Total..................... 8,629,000   70

A ajouter pour les appoints négligés, en transportant les chiffres des états du budget :

     Douanes.. 40   71
     Postes... 463   27
     Loteries... 123   99
           Total................. 8,629,628   67

     A déduire,

Pour appoint porté en plus sur l'enregistrement........... 3   44

     Reste égalité.......... 8,629,625   23

Si cette atténuation, en ce qui concerne les produits des administrations financières, peut être expliquée par l'introduction de recettes et de dépenses postérieures à l'année, il n'en est pas de même des deux autres articles.

Celle relative aux contributions directes est une erreur manifeste ; et, quant à celle concernant les recettes diverses, alléguerait-on l'ancien usage d'appliquer la rentrée des débets sur les exercices auxquels ces débets se rapportaient? Mais d'abord l'arriéré, créé par la loi du 28 avril 1816, a nécessairement dû détruire cette application rétrograde ; et, en second lieu, ces rentrées de débets ne se sont élevées qu'à 2,263,499 fr. 49 cent., ce qui laissait incontestablement pour les recettes diverses, au lieu de 1,400,000 fr., une somme de 3,144,130 fr. 31 cent., qui a été portée en recette au compte des budgets (C. M., 1.ᵉʳ vol., pag. 10-11) pour 3,321,400 fr. 43 cent., ce qui démontre évidemment que l'atténuation des recettes diverses est également une erreur.

Ces rapprochemens prouvent donc tout à la fois l'exactitude du compte de budget que nous avons formé pour 1816, et la justesse de nos remarques, qui se rapportent à ce compte.

Pour couvrir le déficit de 1816, l'art. 17 de là loi du 25 mars a ordonné qu'une somme de 23,525,859 fr. serait transportée, des ressources extraordinaires de 1817, à l'exercice de 1816.

Cette disposition de la loi est sacrée et inaccessible à toute critique. Qu'il me soit permis néanmoins d'exprimer le vœu que je forme, pour que l'on procède différemment, si un cas semblable se représentait.

Quand le compte du budget d'une année est définitivement arrêté, que le montant des ressources et celui des besoins sont connus, et que la supériorité des besoins oblige de recourir aux ressources de l'année suivante, c'est comme si un particulier avait une dette de 1,200 fr. envers un autre et deux créances, l'une de 1,000 fr., et l'autre de 200 fr., sur deux personnes différentes.

Si, par des motifs quelconques, le particulier est tenu de payer dans un même lieu, il n'a pas à délibérer : il faut qu'il s'occupe de réunir les deux créances sur le point obligé; mais, s'il n'y est pas tenu, pourquoi se donnerait-il les embarras de cette réunion, tandis qu'il pourrait payer avec une délégation sur chacune de ses deux créances?

Il en est de même de l'Etat ; si quelque considération oblige à balancer un exercice sur lui-même, il n'y a pas à hésiter, il faut opérer cette balance; mais s'il n'y a point d'obligation, et si, au lieu de présenter des avantages, cette balance ne doit amener que des inconvéniens, il faut sans doute se garder de la faire, et tel est notre cas.

J'ai beau chercher, dans le système de nos finances et dans notre manière d'en compter, une considération qui puisse déterminer par la suite à opérer cette balance, et je n'en trouve point ; mais, par contre, les inconvéniens se présentent en foule.

En prenant sur les ressources de l'année suivante pour ajouter à celles de l'année précédente, on dénature la situation de toutes les deux, ou du moins on soumet la vérité de cette situation à une condition qu'il ne faudra jamais oublier. Premier inconvénient.

En donnant à un exercice de nouveaux moyens pour se prolonger, on étend la carrière de l'incertitude, lorsque tous les efforts devraient tendre à la fermer. Second inconvénient.

En créant enfin des motifs d'attention, on crée en même temps des chances pour en être distrait, en s'obligeant à regarder derrière et devant soi. Troisième inconvénient.

Pour les Etats, comme pour les particuliers, il n'est qu'un chemin qui n'égare jamais, celui de la vérité, qui est celui des faits. En le suivant, on dira : nous avions pensé que les ressources suffiraient pour les besoins de l'année; nous nous sommes trompés, elles sont insuffisantes; il est hors de toute puissance de changer le passé, bornons-nous donc à le constater, et profitons de l'avenir qui nous appartient; et alors on sera conduit tout naturellement à distribuer les ressources entre les différens besoins de l'année, et à reporter l'excédant de ceux-ci sur les ressources de l'année suivante, en expliquant les motifs de cette assignation.

COMPTE DE FAIT

ou

COMPTE GÉNÉRAL DES RECETTES ET DÉPENSES

FAITES PENDANT L'ANNÉE 1816.

Dans la formation de ce compte, à laquelle je vais procéder, j'aurai égard aux remarques que j'ai faites sur le compte des caisses. En conséquence,

Je porterai en recette et en dépense les 38,308,965 fr. reçus et employés sur les centimes additionnels destinés aux dépenses locales. (viii.ᵉ Remarque).

Je porterai en recette la création des valeurs de l'arriéré, et en dépense les paiemens faits en ces valeurs. (ix.ᵉ Remarque).

Je porterai, sous le titre de dépôts, les 11,101,359 fr. 46 cent. provenant des cautionnemens, et, sous le titre de création de valeurs, les 31,067,422 fr. 93 cent. provenant d'emprunt sur dépôt de valeurs. (x.ᵉ Remarque).

Je n'aurai point égard à la déduction faite sur la recette de 4,683,637 fr. 87 cent.; mais je porterai cette somme en dépense. (xi.ᵉ Remarque).

Enfin, je substituerai le montant des perceptions faites par les administrations de finances à celui des versemens qu'elles ont effectués dans les caisses du Trésor et des receveurs généraux (xii.ᵉ Remarque), et je porterai en recette et en dépense les autres opérations indiquées par les comptes de ces administrations.

Résumé du compte général des rece

RECETTES.

| | SOMMES | |
	PARTIELLES.	PAR MASSE.
Valeurs en route ou entre les mains des comptables au 31 décembre 1815, suivant le dernier compte rendu....................	....	111,862,307
Recouvremens faits sur les revenus de l'État.		
Exercice 1814. — Restait à recouvrer au 31 décembre 1815................ Inconnu.		
Recouvremens pendant 1816.... 328,992 99	328,992 99	
Reste à recouvrer au 31 décembre 1816............... Inconnu.		
Exercice 1815. — Restait à recouvrer au 31 décembre 1815.... .... Inconnu.		
Recouvremens pendant 1816.... 86,241,694 03	86,241,694 03	
Reste à recouvrer au 31 décembre 1816............... Inconnu.		1,049,773,394
Exercice 1816. — A recouvrer suivant le compte du budget, défalcation faite des sommes étrangères au présent exercice suivant l'état n.° 1.er... 1,041,428,179 67		
Recouvremens pendant 1816.... 944,506.129 40	944,506,129 40	
Reste à recouvrer au 31 déc. 1816. 96,922,050 27		
1817. — Recouvremens faits par anticipation sur le produit des coupes de bois, ordinaire de 1817.........	18,696,577 82	
Création de valeurs.		
Autorisées par les lois de finances, service arriéré..........	....	138,528,039
Emises pour la commodité du public contre espèces, ou pour le service courant sur autorisations royales	321,597,344 18	
Déposées en garantie d'emprunts.......................	31,067,422 93	352,664,767
Total des valeurs émises pendant 1816.......	352,664,767 11	
Il restait en émission au 31 déc. 1815....................	197,740,294 26	
Total au 31 décembre 1816..........	550,405,061 37	
Comptes courans et dépôts.		
Fonds reçus en compte courant et à titre de dépôt.........	83,211,812 59	
Cautionnemens de remplaçans à rembourser aux remplacés....	11,101,359 46	144,637,781
Recettes relatives à des services particuliers, mouvemens de fonds et opérations diverses........................	50,324,609 50	

BALANCE...... .1,797,466,28

Nota. Cette forme de compte par *restes* à *recouvrer* et à *payer*, est prescrite par l'article 153 de la loi
la création de valeurs, on répandrait la plus grande clarté sur la situation financière de l'Etat.

t des dépenses faites pendant l'année 1816.

DÉPENSES.

| | | SOMMES | |
		PARTIELLES.	PAR MASSE.

Paiemens faits sur les crédits des Ministères.

Service arriéré.
- Restait à payer sur les liquidations faites au 31 décembre 1815..... Inconnu.
- Liquidations faites pendant 1816.. Inconnu.
- Total à payer... ... Inconnu.
- Paiemens pendant 1816......... 138,528,039 » — *par masse* 138,528,039 »
- Reste à payer au 31 décembre 1816. Inconnu.

Exercice 1814.
- Restait à payer au 31 déc. 1815. 8,107,884 87
- Paiemens pendant 1816.......... Inconnu.
- Reste à payer au 31 décembre 1816. Inconnu.

1815.
- Restait à payer au 31 décembre 1815. 181,030,504 76
- Paiemens pendant 1816.......... Inconnu.
- Reste à payer au 31 décembre 1816. Inconnu.

1816.
- Montant de la dette contractée pour le service de l'année 1816...... 901,059,286 40
- Paiemens antérieurs à 1816......... 52,282,010 69
- *Idem* pendant 1816. Inconnu. } » »
- Reste à payer au 31 décembre 1816. Inconnu.

1817. Payé par anticipation.......... Inconnu.

On n'a pu appliquer les paiemens faits sur chaque exercice, par les motifs énoncés à la 13.ᵉ Remarque. } 907,426,879 83

Désignation	PARTIELLES	PAR MASSE
Avances à recouvrer et à régulariser................	....	25,679,513 88
Frais d'administration et de régie, dépenses prélevées sur les recettes brutes, remboursemens et restitutions réduisant les recettes, etc................	....	132,470,099 58
Paiemens sur le produit des centimes additionnels pour dépenses locales..	....	43,032,864
Les valeurs créées par le trésor en émission pendant 1816, ont monté comme ci-contre................	550,405,061 37	
Les remboursemens faits pendant 1816 ont été de................	340,633,115 13	340,633,115 13
Reste à rembourser au 31 décembre 1816................	209,771,946 24	

Comptes courans et dépôts.

Désignation	PARTIELLES	PAR MASSE
Fonds payés sur les comptes courans et dépôts............	85,723,583 13	
Cautionnèmens compensés................	356,722 19	136,987,888 59
Services particuliers, mouvemens de fonds, etc............	50,907,583 27	
Débets constatés dans les caisses des payeurs des 10.ᵉ et 13.ᵉ divisions militaires............		301,528 27
Valeurs en route ou entre les mains des comptables au 31 décembre 1816............		75,414,402 72
Total................		1,800,474,331 »

A DÉDUIRE.

Désignation	PAR MASSE
Pour le net de la différence existante entre les sommes portées en dépense par les administrations financières pour versemens faits au Trésor, et celles portées en recette par le Trésor pour cet objet. (*Voir* la 12.ᵉ Remarque)............	3,008,041 62
Reste..... Balance............	1,797,466,289 38

mars 1817 ; et, en l'appliquant à chaque ligne de compte, soit en recette, soit en dépense, comme on l'a fait pour

Voir d'autre part le compte général par espèce de comptable.

COMPTE GÉNÉRAL, par espèce de comptables, des Recettes et Dépenses faites pendant l'année 1816.

Colonnes — **OPÉRATIONS EFFECTUÉES : PAR LES** comptables (*par le Trésor ; par les Receveurs généraux ; par les Payeurs ; de l'Enregistrement*) **et PAR LES PRÉPOSÉS DES ADMINISTRATIONS** (*des Douanes ; des Contributions indirectes ; des Postes ; des Loteries*) — **TOTAL** — **TOTAUX PAR MASSE**.

RECETTES.

Désignation	par le Trésor	par les Receveurs généraux	par les Payeurs	de l'Enregistrement	des Douanes	des Contributions indirectes	des Postes	des Loteries	TOTAL	TOTAUX PAR MASSE
Soldes au 1.er janvier 1816. — Numéraire	37,719,790 19	6,156,782 59	9,248,056 60	3,724,912 11	5,492,325 18	5,969,320 81	780,640 98	776,376 74	67,868,205 20	
— Porte-feuille	19,711,700 50	14,357,521 01	1,874,514 34	8,039,960 51					43,983,498 36	111,862,307 48
— Valeurs de compensation				10,603 92					10,603 92	
Recouvremens faits sur les revenus de l'Etat — Exercice 1814					97 10	527,384 77		1,511 12	528,992 99	
— 1815	353,248 45	81,976,340 74			918,481 56	2,891,059 92	102,118 78	444 58	86,241,694 03	
— 1816	74,530,717 24	596,523,668 87	275,868 33	178,466,867 69	93,711,460 80	137,423,447 92	20,927,684 50	43,646,414 55	A 944,506,129 40	1,049,775,394 24
— 1817				18,696,577 82					18,696,577 82	
Création de valeurs — Autorisées par les lois de finance, service arriéré	138,528,039 »								138,528,039 »	138,528,039 »
— Emises pour la commodité du public contre espèces, ou pour le service courant sur autorisations royales	321,597,344 18								321,597,344 18	
— Déposées en garantie d'emprunts	31,067,422 93								31,067,422 93	352,664,767 11
Comptes courans et dépôts — Fonds reçus en compte courant et à titre de dépôt	17,452,402 24	64,515,092 71	1,464,317 64						83,211,812 59	
— Cautionnemens de remplacés à rembourser ou à imputer		11,101,359 46							11,101,359 46	144,657,781 55
— Recettes relatives à des services particuliers, mouvemens de fonds et opérations diverses				13,798,700 83	10,791,060 13	22,269,537 63	9,481,780 20	5,983,730 71	50,324,609 50	
TOTAUX	640,940,664 73	574,430,765 08	12,862,556 91	222,737,624 88	110,913,424 77	156,880,551 05	31,292,224 46	47,408,477 50	1,797,466,289 38	1,797,466,289 38

DÉPENSES.

Désignation	par le Trésor	par les Receveurs généraux	par les Payeurs	de l'Enregistrement	des Douanes	des Contributions indirectes	des Postes	des Loteries	TOTAL	TOTAUX PAR MASSE
Paiemens faits sur les crédits des ministères — Service arriéré	138,528,039 »								138,528,039 »	138,528,039 »
— Service courant	549,594,149 97	C. 13,429,748 »	543,065,867 46						905,880,765 43	907,426,879 83
— Dont l'admission est prop.	136,523 58	1,400,690 82							1,537,114 40	
Avances à recouvrer et à régulariser	8,743,349 03	D. 16,936,164 85							25,679,513 88	25,679,513 88
Frais d'administration et de régie, Dépenses prélevées sur les recettes brutes, Remboursemens et restitutions réduisant les recettes, etc. — Exercice 1814					332,415 17	3,883,746 04	618,210 30	3,475 91	621,686 21	
— 1815					32,708,295 77	41,970,002 16	293,334 91	181,028 20	4,693,524 32	
— 1816			20,474,287 82				8,942,375 80	33,058,729 52	127,153,689 05	132,470,099 58
— 1817					1,200 »				1,200 »	
Paiemens sur le produit des centimes additionnels pour dépenses locales — Exercice 1815		18,153,647 »							18,153,647 »	
— 1816		24,879,217 »							B 24,879,217 »	43,032,864 »
Remboursement d'effets émis par le Trésor	254,309,946 50	86,523,168 63							340,633,115 13	340,633,115 13
Comptes courans et dépôts — Fonds payés sur les comptes courans et les dépôts	84,235,970 64		1,489,612 49		1,749 60	251,365 20	5,804 79		85,723,583 15	
— Cautionnemens compensés				87,802 60					356,722 19	
— Services particuliers, mouvemens de fonds, etc.				14,596,154 32	10,775,260 76	12,312,597 49	9,550,427 41	5,873,163 29	E 50,907,583 27	156,987,888 59
Débets constatés dans les caisses des payeurs des 10.e et 13.e divisions			301,528 27						301,528 27	301,528 27
Soldes au 31 décembre 1816 (entre les mains des comptables) — Valeurs en route	1,525,607 62	3,867,513 08	1,190,224 87		4,293,660 53	2,599,169 98	1,282,336 39	1,041,770 »	6,576,345 57	
— Idem, Numéraire	2,060,287 02	6,088,843 86	11,763,811 77	349,378 80	1,449,732 71				29,479,258 15	
— Porte-feuille	26,938,842 46	7,565,709 70	1,879,510 87	1,504,621 02					39,388,416 76	75,414,402 72
— Valeurs de compensation				20,382 24					20,382 24	
TOTAUX	1,065,868,715 82	178,639,602 94	359,690,555 73	56,832,606 78	59,562,514 54	61,026,880 87	20,692,487 60	38,161,166 92	1,800,474,331 00	1,800,474,331 »

A DÉDUIRE pour différence expliquée à la 12.e Remarque 5,008,041 62

RESTE somme égale à celle des Recettes 1,797,466,289 58

Notes (colonne de droite) :

A. Voir l'état de développement ci-après, n.° 1.er.

B. *Idem.* n°. 2.

C. Cette somme de 13,429,748 f. a été payée par les receveurs généraux pour dépenses variables. (C. M., 2.e volume, fol. 41.)

D. Cette somme de 16,936,164 f. 85 c. se compose
de 13,653,117 80 portés (C. M.. 1.er vol.), à la page 39, et.....
de 3,283,047 05 portés à la page 41 du même volume.
————
16,936,164 85 égale.

E. On a compris dans cette somme, avec celles portées par les administrations financières, sous le titre de services particuliers, etc.

1.° Des ordonnances des Ministres qu'on s'est assuré n'être pas celles qui pouvaient expliquer la différence finale de 11 millions, résultant de la 14.e Remarque.
Enregistrement, pour { ... 10,244,762 13 / ... 2,696 16
Domaines, pour........... 111,464 40
Contributions indirectes. 385,404 72
Postes, pour............. 949,170 93
TOTAL... 11,691,498 34

2.° Des versemens au Trésor pour balancer les fonds de subvention,
Douanes, pour.......... 2,313,935 »
Contributions indirectes pour.............. 8,659,926 89
Loteries, pour.......... 3,654,587 70
TOTAL.. 14,628,449 59

ÉTAT DE DÉVELOPPEMENT

Des Recouvremens faits pendant l'année 1816, *sur les Revenus de l'État pour l'Exercice 1816.*

DÉSIGNATION DES PRODUITS.	SOMMES à recouvrer d'après le compte du budget ci-joint.	A DÉDUIRE — POUR PORTER A D'AUTRES EXERCICES. Indication des exercices.	A DÉDUIRE — Sommes.	pour porter ci-après sous le titre de retenues sur traitemens.	RESTE à recouvrer.	RECOUVREMENS FAITS — par le Trésor royal.	par les Receveurs généraux.	par les Payeurs.	par les préposés des cinq administrations financières.	TOTAL.	RESTE à recouvrer au 1.er janvier 1817.	OBSERVATIONS.
Contributions directes	401,661,776 »				401,661,776 «		331,187,170 99			331,187,170 99	70,474,605 01	
Enregistrement, domaines et bois.	197,163,445 51	1817....	18,696,577 82	846,243 24	177,620,624 45				177,620,624 45	177,620,624 45		
Douanes	94,630,039 46	1814.... 1815....	97 10 918,481 56	402,039 48	93,309,421 32				93,309,421 32	93,309,421 32		
Contributions indirectes	140,641,892 61	1814.... 1815....	327,384 77 2,891,059 92	1,080,745 93	136,342,701 99				136,342,701 99	136,342,701 99		
Postes	21,029,803 28	1815	102,118 78	187,616 12	20,740,068 38				20,740,068 38	20,740,068 38		
Loteries	42,648,370 05	1814 1815	1,511 12 414 58	175,950 92	42,470,463 43				42,470,463 43	42,470,463 43		
Salines de l'est	2,750,580 »				2,750,580 »	2,000,000 »				2,000,000 »	750,580 »	
Retenues proportionnelles sur traitemens	9,307,404 31	à ajouter pour la déduction ci-dess.		2,692,595 69	12,000,000 »	3,260,402 22	3,630,465 75	269,995 67	2,692,595 69	9,853,459 33	2,146,540 67	
Produit des cautionnemens	63,378,700 »				63,378,700 »	9,278,933 04	54,099,766 96			63,378,700 »		
Recettes accidentelles. — Monnaies	5,407,629 80				5,407,629 80	42,182 50				42,182 50		
Recettes accidentelles. — Dons offerts au Roi						267,505 24	152,495 43	1,537 66		421,538 33		
Recettes accidentelles. — Recouvremens sur débets						1,186,342 68	1,077,156 81			2,263,499 49		
Recettes accidentelles. — Recettes diverses						433,086 41	2,242,988 07	4,335 »		2,680,409 48		
Abandon fait par le Roi et par les Princes	11,000,000				11,000,000 »						11,000,000 »	
Restes des exercices 1814 et antérieurs	4,986,614 30				4,986,614 30		4,133,624 56			4,133,624 56	852,989 74	
Produit de la vente de 6 millions de rente	69,759,600 »				69,759,600 »	58,062,265 15				58,062,265 15	11,697,334 85	
TOTAUX	1,064,365,855 32	A.	22,937,675 65		1,041,428,179 67	74,530,717 24	396,523,668 57	275,868 33	473,175,875 26	944,506,129 40	96,922,050 27	

A. En formant le compte du budget de 1816, nous avons vu avec plaisir que nous serions assujétis à la nécessité de cette déduction, parce que nous en ferions sortir la preuve que, dans l'année suivante, cette déduction serait inutile, puisque toutes les recettes de ladite année resteraient libres et n'auraient été grevées d'aucun prélèvement pour le service de la précédente.

N.º II.   ÉTAT DE LA SITUATION *des paiemens ou emplois faits pendant l'année 1816 sur le produit des centimes additionnels de ladite année 1816, destinés aux dépenses locales.*

	MONTANT des fonds imposés.	PAIEMENS ou précomptes faits pendant 1816.	RESTE à payer ou à précompter au 1.er janv. 1817
	fr.	fr.	fr.
Dépenses locales extraordinaires (centimes facultatifs).	7,308,119	3,214,334	4,093,785
Attributions aux communes.	14,093,892	7,211,041	6,882,851
Non-valeurs, décharges et modérations.	14,237,941	1,414,927	12,823,014
Fonds de réimposition.	739,199	703,578	35,621
Traitemens et remises des recev. généraux et particuliers . 2,579,098 f.			
Remises des percepteurs à vie. 14,943.949	17,523,047	12,335,337	5,187,710
Totaux.	53,902,198	24,879,217	29,022,931

Il s'agit maintenant de démontrer tout à la fois la justesse de mes Remarques, par l'exactitude du compte général des recettes et des dépenses et l'intime connexion de ce compte avec celui du budget. Je donne cette démonstration, en disant :

Les dépenses nécessitées pour le service de 1816 ont monté à . . . . 901,059,286 f. 40 c.

Il a été recouvré   { sur coupes de bois. 11,668,589 f. 91 c.
antérieurement à 1816   { sur restes des exercices 1814 et antérieurs. . 6,463,385   70

Total. 18,131,975   61

Il a été recouvré pendant 1816 (État n.º 1.er). . . . 944,506,129 f. 40 c.

A déduire :

Frais d'administration et de régie, dépenses prélevées sur les recettes brutes, remboursemens et restitutions, réduisant les recettes (exercice 1816) 127,153,689 f. 5 c.

Paiemens faits sur centimes addi- tionnels pour dépenses locales, exercice 1816 (État n.º II). 24,879,217   »

152,032,906   05

Reste net recouvré en 1816. 792,473,223   35   792,473,223   35

Total des recouvremens au 1.er janvier 1817. 810,605,198   96

Il restait à recouvrer sur 1816, au 1.er janvier 1817 (État n.º 1.er). 96,922,050   27

A déduire :

Reste à payer pour dépenses locales (État n.º II). . 29,022,981   00

Reste net à recouvrer. . . . . , . . . 67,899,069   27   67,899,069   27

Total des ressources réalisées et à réaliser. 878,504,268   23   878,504,268   23

Dont la comparaison avec les dépenses présente un déficit égal à celui précédemment établi de. 22,555,018   17

D'après ce qui a été dit précédemment, la rentrée de ces restes à recouvrer, montant à 96,922,050. fr. 27 cent., était assurée, savoir :

Celle de 70,474,605 fr. 01 cent. sur les contributions directes, par une somme de 12,823,014 fr. restant à employer sur le fonds de non-valeur;

Celle de 750,580 fr. sur les salines de l'Est, indépendamment de toutes les autres garanties que présentaient les administrateurs, par la situation même de cet établissement envers le Trésor royal, à l'époque du 1.er janvier 1817 : de laquelle situation il résultait que, compensation faite des recettes et des dépenses que le Trésor royal avait faites sous le titre de *comptes courans et dépôts*, cet établissement était créancier de 2,698,676 fr. 11 cent., d'où déduisant, d'une part, 1,600,000 fr. pour le montant des obligations restant en porte-feuille au 1.er janvier, et, de l'autre, les 750,580 fr. ci-dessus, il restait encore en avance de 348,096 fr. 11 cent.;

Celle de 2,146,540 fr. 67 cent. sur les retenues proportionnelles, parce que l'on devait compter sur l'exactitude des états qui avaient dû en être dressés;

Celle de 11,000,000 fr. pour l'abandon fait par le Roi et par les Princes, puisqu'il n'y avait qu'une compensation à opérer avec les crédits de la liste civile;

Celle de 852,989 fr. 74 cent. pour restes des exercices 1814 et antérieurs, parce que les données que le Ministère s'était procurées étaient nécessairement exactes à l'époque des comptes;

Et enfin, celle de 11,697,334 fr. 85 cent. sur le produit de la vente des rentes, parce que, d'ordinaire, la livraison des choses est accompagnée de leur prix.

Ayant ainsi démontré que les Ministres ordonnateurs et le Ministre des finances pouvaient exécuter la loi du 25 mars 1817, il me reste à démontrer la nécessité de tenir à ce que cette loi soit rigoureusement exécutée. Mais, ayant d'un autre côté à développer les avantages qui peuvent être retirés des comptes que j'ai formés, je vais développer ces avantages pour en faire découler naturellement cette nécessité.

Parmi ces avantages, je prends les deux plus marquans qui résultent de ce qu'un compte, formé sur le modèle de celui que j'ai dressé, peut être vérifié et prouvé, et de ce que ce compte dispensera de comprendre dans les lois subséquentes l'exercice auquel il s'appliquera.

Pour démontrer qu'un tel compte peut être vérifié, je vais procéder à cette vérification et supposer qu'elle est faite par la législature elle-même.

Et d'abord, par la première partie du compte du budget, je m'assure que la loi a été fidèlement exécutée dans la confection des rôles des contributions directes; je remplis par-là un devoir qui a été négligé jusqu'à présent, sans inconvénient sans doute, mais qui manque à la garantie des peuples. Je reconnais que tous les fonds qui composent ces rôles ont été exactement appliqués, et je constate leur entier montant pour devenir la base de la responsabilité de tous les agens comptables.

Je me transporte successivement, au résumé du compte général des recettes et des dépenses faites pendant l'année, au compte général par espèces de comptables, et aux états de développement qui les suivent, et je reconnais que ce même montant des rôles a été pris en charge; prenant pour bonnes la déclaration des recouvremens qui ont été effectués et celle des paiemens relatifs aux charges locales, je fixe le montant des sommes restant à recouvrer et à payer pour devenir les premières lignes du compte de l'année suivante.

Je passe aux comptes des administrations financières (C. M., 2.e vol.); ils présentent tous, 1.º un solde en caisse et en porte-feuille au commencement de l'année. Je le prends pour bon, et toutefois je m'assure de la conformité de ce solde avec celui existant à la fin de l'année précédente; 2.º des recettes faites sur les revenus de l'Etat, je les prends pour bonnes; 3.º des dépenses pour frais d'administration et de régie, des dépenses acquittées par prélèvement sur les recettes brutes, des remboursemens et restitutions réduisant les recettes, et enfin des non-valeurs admises en paiement: je juge chacun de ces articles, non pour réformer les actes approuvés par le Ministère, parce que les intérêts des tiers sont sacrés, mais pour reconnaître la légitimité des motifs de dépense, les améliorations à introduire ou les abus à corriger; 4.º des versemens effectués dans les diverses caisses du Trésor, je les prends pour bonnes; 5.º des recettes et des dépenses relatives à divers services particuliers, mouvement de fonds et opérations diverses : après avoir recherché si, dans ces recettes, il n'en est pas qui appartiennent à l'Etat, et avoir reconnu que les dépenses n'excèdent pas les recettes sans motif légitime, je prends pour bonnes les unes et les autres. Mais si je découvre des recouvremens sur débets (*Enregistrement*, pag. 46, et *Loteries*, pag. 144), ou des dépenses pour retraites excédant les fonds applicables à cette dépense (*Douanes*, pag. 74 et 75; *Contributions indirectes*, pag. 96, 126 et 127), ou des ordonnances des Ministres, comme il en figure aux comptes de toutes les administrations, excepté les loteries, je me fais expliquer d'après quels motifs ces recouvremens sur débets ne sont point compris dans les revenus de l'Etat, d'après quelles autorisations une partie de ces revenus est employée à l'acquittement des retraites, et dans quels comptes de budget sont comprises les ordonnances des Ministres, et je juge les explications qui me sont données; 6.º enfin, des soldes existant en caisse et en porte-feuille à la fin de l'année, je les prends pour bons, et je les fixe pour devenir la première ligne des comptes de l'année suivante.

Après cette vérification des comptes des administrations financières, je m'assure que toutes les opérations que j'ai reconnues sont exactement rapportées dans le compte du budget et dans celui des recettes et dépenses de l'année; et alors les cinq colonnes de l'état général par espèce de comptables, se trouvant complétement vérifiées, je passe aux autres produits.

J'examine, pour les salines de l'Est, les bases d'après lesquelles le prix du bail a été réglé; pour les retenues proportionnelles sur traitemens, les documens d'après lesquels leur montant a été déterminé; pour les produits des cautionnemens, les états qui me sont soumis, indiquant tous les cautionnés par classes; et, pour les restes des exercices 1814 et antérieurs, les données sur lesquelles on a fondé leur produit. Après ces examens, ayant reconnu que ces produits étaient bien portés au compte du budget, je prends pour bons tous les recouvremens qui sont accusés; j'en fais de même pour les recettes diverses et accidentelles, et je fixe les sommes restant à recouvrer sur les produits qui en sont susceptibles.

Pour terminer la vérification des recettes du compte du budget, je n'ai plus qu'à reconnaître l'emploi qui a été fait des ressources extraordinaires mises à la disposition du Ministère; je juge cet emploi, en ayant égard aux temps et aux circonstances dans lesquels il a eu lieu; je m'assure que les comptables ont été exactement chargés, dans le compte des recettes, de la contre-valeur de ces ressources; et déjà la recette du compte du budget est entièrement vérifiée, et il en est de même de la recette du compte général, à l'exception des soldes de valeurs, et des opérations diverses du Trésor, des receveurs généraux et des payeurs.

Pour les soldes de valeurs existant dans les caisses de ces trois espèces de comptables au commencement de l'année, je m'assure de leur conformité avec ceux existant à la fin de l'année précédente.

Pour les créations de valeurs, et pour les remboursemens, je me borne à en suivre le mouvement, et je prends pour bonnes les sommes qui sont annoncées. Toutefois, si cette création a lieu d'après un système suivi, j'examine la question de savoir si elle ne doit pas être autorisée par une disposition législative.

Je prends pour bonnes, en recette et en dépense, les sommes relatives aux comptes courans et aux dépôts, tant que la dépense n'excède pas la recette. Si elle l'excède, je me fais rendre compte des motifs qui ont déterminé cet emploi des fonds publics à une destination étrangère.

Je prends également pour bonnes les sommes reçues pour cautionnemens de remplaçans, et celles dépensées pour remboursement aux remplacés, ou pour compensations opérées, après avoir reconnu que celles-ci n'excèdent pas les recettes portées au compte ou dans les précédens pour cet objet.

Ainsi se trouvent encore vérifiées toute la recette et une certaine partie de la dépense du compte général des recettes et des dépenses faites pendant l'année, et je passe à l'examen des dépenses de l'Etat.

Je m'assure d'abord si les sommes portées au compte du budget représentent la généralité des dépenses nécessitées pour le service de l'année, ou bien si ce n'est que des crédits demandés par aperçu. Dans le premier cas, je juge l'utilité de ces dépenses ; et, quand je les ai approuvées, il n'y a plus d'incertitude pour moi ; je connais la situation financière de l'État par la comparaison de ces dépenses avec les ressources ; je vérifie ensuite dans les comptes des Ministres ordonnateurs le montant des dépenses ordonnancées et de celles restant à ordonnancer, et dans celui du Ministre des finances le montant des ordonnances payées et de celles restant à payer ; j'examine les motifs qui ont empêché l'ordonnancement de toutes les dépenses et le paiement de toutes les ordonnances. Ayant reconnu ces motifs légitimes, je prends pour bonnes les sommes ordonnancées et celles payées ; je fixe le montant des sommes restant à ordonnancer et à payer pour devenir la première ligne des comptes de l'année suivante ; et , aussi satisfait de la gestion du Ministère que de mon propre travail, je vote, en toute sécurité de conscience, avec les fonds nécessaires pour le service de l'année prochaine, le complément des ressources que celui de la précédente pourra exiger. Rentré dans mes foyers, comme j'aurai voté dans toute la plénitude de ma conviction, cette conviction sortira de tous mes entretiens sans travail comme sans effort, pénétrera dans toutes les ames ; et, comme par enchantement, les ressources de l'État s'accroîtront autant par le zèle des contribuables , que les dépenses diminueront par la confiance des créanciers.

Mais si, au lieu de la généralité des dépenses nécessitées pour le service de l'année, je ne trouve dans le budget que des crédits demandés par aperçu, je n'en fais pas moins ma vérification, en substituant les crédits aux dépenses réelles. Mais alors la barrière de l'incertitude s'ouvre devant moi, et, n'en pouvant mesurer l'étendue, mon imagination s'effraie malgré moi. Les actes les plus simples se dénaturent ; des paiemens faits par avance pour la guerre (service ordinaire) et pour la marine (C. M., 1.er vol., p. 13) m'affligent également, soit que je les envisage comme ayant été faits du libre consentement des Ministres , ou soit que je les considère comme le résultat d'une condition sans laquelle les fournitures n'auraient pas eu lieu. Dans ces deux hypothèses, je cherche vainement, dans le fournisseur de l'État, l'honnête négociant possesseur de la marchandise ; je n'y trouve que le faiseur d'affaires ; et, de là, remontant à l'effet de chaque perception, je me sens malgré moi disposé à porter, dans le vote de l'impôt et dans la délivrance des crédits, une réserve dont les conséquences seront au moins fâcheuses, si elles ne sont pas funestes à l'État.

Entre ces deux chemins le choix n'est pas douteux. Celui de la satisfaction est tracé par la loi : il sera rigoureusement suivi par le Ministère. C'est alors, mais seulement alors, que le gouvernement jouira sur ce point de tous les avantages, et la nation de toutes les garanties résultant du gouvernement représentatif ; c'est alors que le gouvernement pourra dire avec assurance à la nation qu'elle ait à pourvoir à la dépense nécessitée pour son administration et pour sa défense, et c'est alors enfin que le vote de l'impôt, qui n'est sans cela qu'une espèce de concession de la part de la législature, deviendra pour elle un devoir rigoureux.

Ayant ainsi démontré comment ce compte pouvait être vérifié, je vais établir comment il pourra être prouvé. Toutefois, avant de m'occuper de ce nouveau point, je dois faire observer que, même dans le cas, qui n'est pas probable, où les Ministres ordonnateurs ne demanderaient que des crédits, sans présenter le compte des dépenses réellement effectuées, ce compte conserverait encore tous ses avantages, et qu'il n'y aurait de changé que le terme de la comparaison. Ainsi, dans ce cas, il ferait connaître les ressources restant disponibles, après avoir accordé aux Ministres les crédits qu'ils auraient demandés, ou celles restant à créer pour faire face à leurs demandes; tandis qu'en partant des dépenses effectuées, il indiquerait les ressources nécessaires pour la libération de l'État. Mais il est évident que cette différence du certain à l'incertain ne saurait être attribuée au compte, mais uniquement aux élémens dont il serait constitué.

Le Ministre des finances dirige et surveille toutes les perceptions, et il ordonne tous les paiemens. Chacun des agens, dont il se sert pour la recette et pour la dépense, est justiciable de la cour des comptes, à laquelle il soumet le compte de sa gestion. Chaque agent prouve son compte. Or, le compte du Ministre, se composant de la réunion de ceux de tous les agens, est donc susceptible d'être prouvé par la preuve de chaque compte particulier. Pour obtenir cette preuve, il ne s'agit donc que d'astreindre chaque agent à rendre à la cour des comptes le même compte que celui qu'il aura rendu au Ministère, et de fixer les rapports destinés à porter à la connaissance de la législature le travail de la cour des comptes.

Le compte ci-joint peut être prouvé.

Sans prétendre, en aucune manière, déterminer de quelle nature ces rapports pourraient être, parce que cette question délicate est au-dessus de mes forces; et sans chercher si les rapports établis entre la législature et la caisse d'amortissement pourraient servir d'exemple, je me borne à indiquer la nécessité de ces rapports, et à la démontrer par les résultats qu'ils procureront. Toutefois, je crois devoir consigner ici quelques renseignemens propres à éclaircir cette importante question.

Rapports à établir entre la législature et la cour des comptes.

Une commission de comptabilité était chargée de vérifier et de régler les comptes des recettes et des dépenses de l'État, lorsque, en 1807, on voulut supprimer cet établissement, et le remplacer par une cour des comptes. La nouvelle de cette institution fut précédée de quelques rapprochemens qui tendaient à rappeler la résistance des anciennes cours souveraines, et à peindre les dangers de cette résistance comme prêts à se renouveler. Ces craintes contrastaient trop avec la force de volonté et d'action qui existait dans le gouvernement, pour qu'on pût les admettre sans examen. Des observateurs cherchèrent donc à en démêler la cause, et ils ne tardèrent pas à découvrir que le chef de l'État voulait cette institution, mais que son Ministère ne la voulait pas, et que la crainte des résistances était le moyen dont il se servait pour l'empêcher. Mais pourquoi le Ministère ne la voulait-il pas? C'était là ce qu'il était fort difficile de s'expliquer.

A force de méditation, je suis parvenu à m'en donner une explication, que je vais soumettre.

Il est des maximes d'État qui sont depuis long-temps dans toutes les têtes. Celle concernant les recettes et les dépenses publiques était alors de ce nombre. Tout le monde était imbu de cette idée, qu'il ne se faisait plus en France de recette ni de dépense qui ne fût ordonnée ou autorisée par la loi. Ce principe, depuis long-temps consacré par notre législation, l'était principalement par la constitution de l'an 8, sous le régime de laquelle nous étions alors. Cette constitution portait, art. 56 : « L'un des Ministres « est spécialement chargé de l'administration du Trésor public : il assure les recettes, « ordonne les mouvemens de fonds et les paiemens autorisés par la loi. Il ne peut rien « faire payer qu'en vertu, 1.º d'une loi, et jusqu'à la concurrence des fonds qu'elle a « déterminés pour un genre de dépense ; 2.º d'un arrêté du gouvernement ; 3.º d'un « mandat signé par un Ministre. »

Cette disposition, combinée avec celle de l'art. 45, d'accord en cela avec l'opinion générale, établissait donc que la loi réglait l'emploi de toutes les sommes dont elle avait ordonné la perception ; mais ce fait n'existait ni en 1807 ni avant, et n'a pas existé depuis. La vérité est que la loi ne réglait alors, comme aujourd'hui, l'emploi des perceptions qu'elle avait ordonnées, que pour une portion, et que l'autre portion était, comme aujourd'hui, réglée par le Ministère.

Dès que le chef du Gouvernement eut fait connaître sa résolution de créer la cour des comptes, le Ministère, qui connaissait cet état des choses et qui regardait comme impossible de le changer, dut d'abord examiner s'il ne pourrait pas introduire, dans la loi d'institution, des clauses qui imposassent à la cour proposée le devoir de s'y conformer. Mais ayant reconnu que ces clauses ne sauraient être introduites, sans déclarer la différence qui existait entre le fait et la loi, et sans renverser par cette déclaration toutes les idées reçues ; et voyant, d'un autre côté, qu'il était douteux si la nouvelle cour voudrait adopter la marche qui était établie, et si elle n'exigerait pas la rigoureuse exécution de la loi, le Ministère se détermina donc à repousser cette institution.

Ses efforts n'ayant pas réussi, la cour fut instituée par la loi du 16 septembre 1807. Cette loi détermina l'organisation, la compétence, et même l'ordre de travail de la cour des comptes, avec tout le soin que demandaient une opération aussi essentielle, et surtout le cas particulier dans lequel le Ministère se trouvait.

Mais telles étaient, sur cette question, la force des choses et celle de l'opinion, qu'il n'était pas même possible d'éviter dans la nouvelle loi, de consacrer la nécessité de se conformer à la législation précédente : aussi, en écartant les articles de forme qui composent cette loi, il n'en reste que deux d'un intérêt général, et tous les deux confirment-ils cette nécessité ?

Par l'art. 18 il fut interdit à la cour de « s'attribuer de juridiction sur les ordonna-« teurs, ni de refuser aux payeurs l'allocation des paiemens par eux faits sur des *ordon-« nances revêtues des formalités prescrites* et accompagnées des acquits des parties « prenantes, et des pièces que l'ordonnateur aurait prescrit d'y joindre. »

Par l'art. 20 il fut prescrit aux référendaires de former sur chaque compte deux cahiers d'observations, dont l'un serait relatif à la ligne du compte, et dont l'autre comprendrait toutes les observations résultant de la *comparaison de la nature des recettes avec les lois, et de la nature des dépenses avec les crédits.*

Ces deux dispositions contenaient précisément tout ce qu'il fallait pour fixer l'attention de la Cour des comptes sur le point de la difficulté. Si, dans l'art. 18, on devait voir une mesure éminemment conservatrice de l'ordre social par le respect commandé pour la chose jugée, il fallait y voir aussi que des ordonnances, revêtues des *formalités prescrites*, étaient nécessairement délivrées en vertu d'une loi ; et, pour la comparaison exigée par l'art. 20, il était évident qu'elle était impossible, pour les recettes, tant que la loi ne contiendrait pas la recette brute qui était la base des comptes, et, pour les dépenses, tant qu'elles ne comprendraient pas, par exemple, les frais d'administration et de régie.

La Cour des comptes est beaucoup trop éclairée pour qu'il soit permis de douter que cette difficulté n'ait été discutée à fond, et qu'elle ne soit entrée dans l'un des rapports annuels qui étaient prescrits par l'art. 22. Mais comme ces rapports étaient uniquement dressés pour être portés à la connaissance du chef de l'État, il est présumable que là il aura été reconnu que l'inexécution de la loi était inévitable par l'impossibilité réelle de mettre en harmonie les comptes avec les lois.

Cette situation étant bien constatée, il en résultait tout naturellement que l'art. 18 devait être considéré comme n'imposant point de condition pour les ordonnances, et que la comparaison, prescrite par l'art. 20, n'étant pas possible, ne devait pas avoir lieu ; et, dès ce moment, les opérations de la Cour des comptes furent soumises à la puissance ministérielle, laquelle fut en même temps délivrée des effets de la comparaison qui était la seule garantie de sa gestion.

Mais cette comparaison, qui frappait directement sur les actes des Ministres, puisqu'elle portait des dépenses aux crédits, n'était pas convenablement placée dans le sein de la Cour des comptes, et il n'en était ainsi que parce que les choses n'étaient pas dans leur ordre naturel : le défaut de comptes des dépenses des Ministres forçait de recourir à l'expédient précaire des crédits, et il fallait bien, du moins dans les mots, s'assurer que cet expédient ne dépasserait pas les limites qui lui étaient assignées.

Cette comparaison ne peut être faite dignement que par la Législature au moment où elle vérifie le compte annuel ; et ce compte doit être disposé de manière que toutes les vérifications, toutes les comparaisons que la Cour des comptes aura à faire, portent sur les comptables, sans pouvoir jamais porter sur les Ministres.

En démontrant comment le compte que j'ai formé peut être prouvé, je vais aussi démontrer que ce résultat en découle tout naturellement, et, avec lui, le rétablissement des choses et des institutions dans leur véritable position. '

Le compte que j'ai formé, après avoir subi de la part de la Législature la vérification que j'ai supposée, devient la règle invariable de la Cour des comptes. Tous les points qui ont été jugés seront sa loi ; tous ceux qui auront été pris pour bons, l'objet de ses recherches.

Je choisis pour exemple, dans les administrations financières, celle de l'enregistrement qui figure dans le compte général des recettes et des dépenses faites pendant l'année 1816 ;

SAVOIR :

En recette.

Soldes au 1.er janvier 1816...........................	11,775,478 f. 54 c.
Recouvremens faits sur 1816 et 1817...................	197,163,445 51
Mouvemens de fonds et opérations diverses.............	13,798,700 83
TOTAL.....................	222,737,624 88

Et en dépense.

Frais d'administration et de régie....	20,474,287 f. 80 c.	
Cautionnemens compensés.............	87,802 60	
Mouvemens de fonds et opérations diverses.......................	14,396,134 32	
Soldes au 31 décembre 1816..........	1,874,382 06	
		36,832,606 78

Ce qui suppose des versemens faits dans les diverses caisses de l'État pour... 185,905,018 10

Le Ministre, dans son action, a fait faire les recouvremens, en a suivi la marche et surveillé l'emploi : il a autorisé, en recette et en dépense, les mouvemens de fonds étrangers à la perception, et il a également autorisé le paiement des frais d'administration et de régie qu'il a jugé nécessaire d'allouer. La dignité du Ministère est engagée à ce que les autorisations soient approuvées en tant qu'elles seront justifiées, comme elle est engagée à ce que les déclarations qui lui ont été faites soient vérifiées et prouvées.

La Législature a rempli ces deux objets, en jugeant les lignes du compte relatives aux mouvemens de fonds et frais d'administration et de régie, et en prenant pour bonnes toutes les autres lignes.

L'Administration de l'enregistrement étant, par l'échéance de l'époque du compte, sortie du domaine de l'action pour entrer dans celui de la loi, arrive à la Cour des comptes où elle présente son compte de 1816, montant en recette et en dépense aux sommes précitées, et devant laquelle elle prouve chaque ligne de ce compte par les moyens consacrés jusqu'à ce jour, sans pouvoir invoquer d'autre protection que celle de la loi.

La Cour des comptes s'assure que les recouvremens ont été faits conformément à la loi, et, d'après la loi, elle alloue les mouvemens de fonds et les frais d'administration et de régie dans la proportion qui a été réglée, sans pouvoir jamais atteindre que des comptables de deniers publics.

Par cette marche simple, le compte présenté par le Ministre des finances devient le type des comptes de tous les agens comptables du royaume, et l'on n'arrive pas seulement à prouver ce compte par ceux de tous ces agens, mais encore on parvient à remettre à leur place les choses et les institutions.

Le Ministère reste libre dans son action, et n'en doit compte qu'à la Législature.

La Législature juge tous les emplois de deniers publics : aucun de ces emplois n'est admis, si elle n'en prononce l'allocation ; elle fait, parce qu'elle seule peut la faire dignement, la comparaison de la nature des recettes avec les lois, et de la nature des dépenses avec les crédits, pour ne laisser à la Cour des comptes que la partie mécanique ou plutôt l'application de cette comparaison sur les comptes des comptables.

La Cour des comptes, comme Cour de justice, se trouve dégagée de la puissance ministérielle pour tout ce qui ne dérive pas de la hiérarchie des pouvoirs, et ne connaît plus que la puissance de la loi dans l'exercice de ses fonctions.

Les comptables, par l'échéance des époques des comptes, passent successivement du domaine du Ministère dans celui de la Cour des comptes, où ils sont jugés par la seule application de la loi.

Considérés en eux-mêmes, comme dans leurs conséquences, ces résultats paraîtront sans doute de l'ordre le plus élevé. Si j'en détache la partie matérielle, celle qui s'applique aux comptes, je n'hésite pas à la regarder comme évidente ; mais il n'en est pas de même de la partie systématique que je soumets avec toute la circonspection que réclame un sujet aussi délicat.

Mais, pour assurer le succès de ces résultats, même à l'égard de la partie matérielle, j'estime qu'il est indispensable qu'il soit établi des rapports entre la Législature et la

Cour des comptes, ou, si l'on veut, entre les décisions de l'une et les travaux de l'autre. Aucune considération ne saurait s'y opposer. Tout vote de ressources futures suppose nécessairement un compte de l'emploi des ressources précédentes, et il ne saurait y avoir de compte sans preuve. Et si l'on objecte que le travail de la Cour des comptes est une exécution, et que toute exécution appartient au Gouvernement, on trouve que, dans ce cas, le Gouvernement serait juge et partie.

Le compte ci-joint dispensera de comprendre dans les lois subséquentes l'exercice auquel il s'appliquera. Revenant au compte que j'ai formé, je l'examine dans les deux parties qui le composent, pour reconnaître si quelqu'une d'elles nécessitera une nouvelle mention dans la loi des finances de l'année suivante, et je ne trouve ni dans l'une ni dans l'autre aucun article qui puisse devenir susceptible de cette mention.

La partie du budget est définitivement close. Les produits qui le constituent étaient rentrés en très-grande partie dans le courant de l'année, et la rentrée de ce qui restait à recouvrer était assurée. Le montant net de ces produits avait été distribué entre les Ministres ordonnateurs. Ainsi, point de raison pour revenir sur cette première partie.

Celle des recettes et des dépenses présente un déficit de 301,528 fr. 27 cent. constaté dans les caisses des payeurs des 10.e et 13.e divisions militaires, pendant l'année 1816. Les ressources de ladite année n'ont pas été diminuées du montant de ce déficit, parce qu'il est possible que la liquidation de ces comptables en procure la rentrée. Lorsque cette liquidation sera terminée, le Ministère demandera le crédit nécessaire pour le couvrir de ce qui ne sera pas rentré. Mais cette demande aura lieu dans l'année où l'impossibilité de tout recouvrement ultérieur aura été reconnue, et le crédit fera partie des opérations de ladite année. Ainsi, point de raison de revenir sur cette seconde partie, et conséquemment de comprendre dans les lois de finances des années subséquentes le compte de l'exercice 1816 auquel ce compte s'applique.

D'après ce qui a été précédemment établi, le compte de 1816 pourrait être présenté le 1.er avril 1817 : que la Législature se fût alors occupée de vérifier ce compte, de créer les ressources de l'année 1817, et d'accorder aux Ministres ordonnateurs les crédits qui leur étaient provisoirement nécessaires pour le service de 1817, la loi qui aurait été rendue dans le mois de mai ou dans celui de juin 1817 aurait;

1.º Arrêté le compte général des recettes et des dépenses faites pendant l'année 1816;

SAVOIR :

En recette, compris les soldes existant dans les caisses et dans les porte-feuilles, à.............................. 1,797,466,289 f. 38 c.

En dépense, à.............................. 1,721,750,358 39

Et en restant en caisse et débets devant former la première ligne du compte suivant, à.............................. 75,715,930 99

2.º Renvoyé ce compte à la Cour des comptes pour y être le contrôle des comptes de tous les agens comptables du royaume;

3.º Fixé les recettes applicables aux dépenses de l'État à 878,504,268 fr. 23 c.;

4.º Arrêté, d'après les comptes de tous les ordonnateurs, les dépenses nécessitées pour le service de l'année 1816 à la somme de 901,059,286 fr. 40 cent., au paiement de laquelle les recettes auraient été appliquées jusqu'à concurrence;

5.º Accordé aux Ministres ordonnateurs, sur les ressources de 1817, d'abord un crédit de 22,555,018 fr. 17 cent. nécessaire pour solder la dépense de 1816, et ensuite ceux que le service de l'année aurait provisoirement réclamés.

Et, à l'égard des ressources de 1817, la loi les aurait créées en changeant ou en maintenant celles existantes en 1816, sans en porter le montant, puisqu'il est incertain. Les probabilités de réalisation de ces ressources doivent être sans doute une cause déterminante pour chaque membre de la Législature, mais elles ne paraissent pas devoir faire partie du langage rigoureux de la loi.

Dans l'année suivante, la Législature prendrait d'abord connaissance du travail que la Cour des comptes aurait fait sur les comptes de tous les agens comptables du royaume, et procéderait ensuite pour 1817, comme elle aurait procédé pour 1816.

Ce serait ici le lieu de rechercher et d'expliquer les incidens qui pourraient retarder le travail de la Cour des comptes, et d'examiner comment les résultats de ce travail devront se lier aux opérations courantes. Mais cette partie de mes recherches ne pourrait intéresser que l'administration, qui n'a pas besoin de ces explications, et qui trouvera, beaucoup mieux que je ne pourrais le faire, les moyens de prévenir les unes et de concilier les autres. Je me borne à dire que la présentation des comptes à la Cour sera d'autant plus assurée que ces comptes, dont les résultats seront nécessairement les mêmes que ceux des comptes rendus au Ministère, pourront différer fort peu de ceux-ci dans la forme, et conséquemment ne demander que quelque temps de plus pour leur expédition.

Cette marche prévient les reproches fondés que l'on pouvait faire de ce que nos lois de finances rappelaient, pendant plusieurs années, et toujours pour des sommes différentes, les budgets de chaque exercice; et elle nous met sur la voie d'examiner une question non moins importante, qui est celle de la fixation de l'année financière.

La discussion qui a eu lieu dans la chambre des députés, à l'occasion des douzièmes provisoires demandés pour l'année 1818, a fait connaître que l'on était à peu près généralement d'accord sur deux points : de n'accorder des ressources nouvelles qu'après que le compte de l'emploi des ressources précédentes serait reconnu, et d'éviter toute disposition provisoire.

Ces deux conditions paroissent d'abord inconciliables. Si le compte des ressources précédentes ne peut être formé qu'après l'expiration du terme assigné à leur réalisa-

De la fixation de l'année financière.

tion, ne fallût-il qu'un jour pour former ce compte, et un autre jour pour le reconnaître, il y aurait nécessairement à opter entre une mesure provisoire ou une lacune. Comme il ne peut pas exister de lacune et qu'on ne veut pas de mesure provisoire, il y a donc nécessité d'assigner aux comptes une époque plus rapprochée que celle des ressources.

Il a été établi, dans le cours de cet ouvrage, qu'un délai de trois mois était nécessaire et suffisant pour la formation des comptes des Ministres. En fixant l'année financière au 1.er juillet, les comptes pourraient donc être présentés au 1.er octobre. Qu'il me soit permis de supposer que les chambres fussent convoquées pour cette époque; le délai qui resterait ensuite suffirait-il pour reconnoître les comptes, pour voter les ressources, et pour que les rôles des contributions directes fussent terminés à la fin de janvier, époque à laquelle la perception doit commencer?

Si ce délai est jugé suffisant, il me semble qu'il se présente un moyen de tout concilier. Il consiste à fixer l'année financière au 1.er juillet, et à continuer le vote des impôts, comme il a lieu dans ce moment, depuis le 1.er janvier jusqu'au 31 décembre.

Je vais examiner comment ce mode pourrait être exécuté; et d'abord je suppose qu'il est adopté dans la présente session; que les impôts sont votés pour toute l'année 1818, et que les Ministres rendront, pour la première fois, un compte de six mois, du 1.er janvier au 1.er juillet 1818.

Nous avons vu que, de tous nos revenus, il n'y a que les contributions directes qui soient fixes : que tous les autres sont éventuels, et se composent de ce qu'ils ont produit pendant le période marqué. Ainsi, il n'y a nul inconvénient pour tous nos revenus, autres que les contributions directes. Leur produit, jusqu'au 1.er juillet, sera appliqué à nos dépenses jusqu'à la même époque; et, à l'égard des contributions directes, la loi à intervenir pour la fixation du budget de ces six mois appliquera la partie du net qu'elles auront produit pour la somme qui sera jugée convenable. Si cette partie est de moitié, l'autre moitié ira au service du 1.er juillet 1818 au 1.er juillet 1819, qui sera de même complété en prélevant sur les contributions, du 1.er janvier au 31 décembre 1819, la partie qui sera jugée nécessaire.

Ainsi, ce mode peut facilement être exécuté par rapport au compte du budget; et, par rapport à la comptabilité légale, les comptes de gestion étant déjà prescrits par la loi, il ne peut y avoir de difficulté, parce que les comptes de cette espèce s'arrêtent quand on veut.

On objectera peut-être que ce mode tend à donner aux Ministres la disposition du revenu de six mois, sans qu'il soit possible de la limiter par des crédits. Cette objection ne saurait être admissible : la responsabilité des Ministres ne peut pas consister à se renfermer dans des crédits qui, quelque bien appréciés qu'ils soient, peuvent se trouver hors de proportion avec les besoins du service ; elle consiste plutôt à assurer le service par des moyens qui soient à la fois les plus économiques et les plus convenables à l'utilité de la nation. Autant les crédits sont indispensables dans l'absence des comptes, autant des comptes réguliers permettent de renoncer à des crédits. Mais, au reste, voulût-on limiter la disposition de ces revenus, il n'y aurait qu'à imposer au Ministre des finances l'obligation de ne pas en dépasser le montant dans les projets de distribution qu'il doit soumettre à Sa Majesté.

Mais ce serait vainement qu'on établirait de l'ordre pour l'avenir, s'il existait dans le passé des causes efficaces qui tendissent incessamment à le troubler : parmi ces causes figurent, en première ligne, le passif ou dette flottante des caisses du Trésor, et, en seconde ligne, les cautionnemens. L'action continuelle de ces deux parties sur le service courant réclame impérieusement que leur situation soit définitivement réglée; il paraîtrait également avantageux, quoique beaucoup moins important, que les débets de comptables fussent constatés.

La fixation du passif des caisses doit sans doute résulter d'une comparaison sem- Du passif des caisses. blable à celles qui ont été faites jusqu'à présent; mais un résultat aussi isolé ne saurait être suffisant, il faut qu'il soit prouvé par l'indication des services auxquels les fonds auront été employés, afin de mettre la Législature à même de prononcer sur ces emplois. Dès que ce résultat sera ainsi établi, il est permis de présumer que l'on s'empressera de fournir au Trésor les moyens nécessaires pour lui éviter les embarras et surtout les chances du renouvellement d'une si grande quantité d'effets à terme, et pour qu'il puisse appliquer son crédit tout entier à la facilité de son service.

On voit, par les notes données dans le projet de loi de finances de 1818, aux Des cautionnem. pages 233 et suivantes, sur la situation de l'administration des cautionnemens, l'étendue du travail que cette administration nécessite, et le zèle avec lequel ce travail est suivi. Ainsi, l'on peut espérer que l'on connaîtra avant long-temps, d'une manière invariable, le montant des capitaux et celui des intérêts qui seront dus, ainsi que la somme par francs et centimes à comprendre dans le budget pour les intérêts de chaque année.

A la suite de ces notes sont des états qui ne contiennent pas tous les renseignemens qu'on eût désiré d'y trouver; et, sans rappeler ici l'obligation imposée par la loi du 25 mars 1817 de rendre des comptes d'année, il eût été important de trouver, dans ces états, le mouvement des cautionnemens depuis le 1.ᵉʳ janvier 1816.

La ligne de démarcation tracée par la loi du 28 avril de la même année, et le soin avec lequel la législation postérieure a fait les fonds de toutes les dépenses qui lui ont été soumises, restreignant nécessairement la charge de l'État pour l'arriéré des caution- nemens à la somme due à l'époque du 1.ᵉʳ janvier 1816, soit que cette charge se pré- sente sous la forme de cautionnemens restant dus, ou soit qu'elle se confonde dans le passif des caisses pour des cautionnemens remboursés, il eût été satisfaisant de pouvoir mesurer d'avance le poids de cette charge. Il y a lieu d'espérer que ces renseignemens seront consignés dans les demandes qui seront soumises à la Législature pour cet objet.

Des débets
de
comptables.

La forme des comptes d'année ne permet pas qu'il existe un seul débet qui ne soit signalé; ces comptes étant désormais prescrits par notre législation, tous les débets futurs seront conséquemment rendus publics; il paraîtrait désirable que cette connaissance fût complétée par un tableau des débets antérieurs. Cette mesure qui semble, au premier aperçu, ne se rattacher qu'au bon ordre, pourrait avoir la plus heureuse influence sur l'avenir.

RÉSUMÉ GÉNÉRAL.

Au moment où je résolus de faire cet ouvrage, je croyais n'avoir à parler que sur la forme des comptes, parce que je ne supposais pas que le fond pût être exposé à la moindre critique. Devant, d'une part, faire connaître les immenses progrès que l'administration avait faits, et dont ces comptes étaient le résultat, et, de l'autre, soumettre les améliorations dont ces comptes me paraissaient susceptibles dans leur forme, j'étais fondé à croire que non seulement je n'aurais pas à blesser d'amour-propre, mais encore que je pourrais contenter celui de tout le monde. En avançant dans mon travail, je reconnus que je m'étais trompé: je délibérai long-temps pour savoir si je continuerais, et je me décidai par la considération que mes remarques étaient, par le seul fait de leur existence (*), le plus bel éloge de l'essai qui venait d'être fait des comptes que j'examinais. Aussi pénétré d'admiration pour ces comptes, après avoir reconnu la justesse de ces remarques, que je l'étais avant d'en supposer la possibilité, je les ai donc exposées avec confiance, et je les ai discutées et démontrées avec les égards et la modération qui sont du devoir de tout le monde, mais qui m'étaient plus particulièrement commandés par ma position.

Quelques-unes de ces remarques s'appliquant au défaut d'exécution de la loi du 25 mars 1817, de la part de quelques Ministres ordonnateurs et du Ministre des finances, j'ai dû rechercher si les dispositions de cette loi pouvaient être exécutées par les uns et par les autres. J'ai démontré la possibilité de cette exécution de la part des Ministres ordonnateurs, par le raisonnement, et, de la part du Ministre des finances, en établissant, pour le budget de 1816 et pour les recettes et dépenses

______

(*) De tous les comptes rendus jusqu'à ce jour, celui de 1816 est le premier qui ait fourni les moyens de l'examiner avec fruit. Il présente tous les renseignemens qu'on peut désirer, et il n'y a à lui reprocher que de ne les avoir pas mieux liés entre eux. Un compte de cette étendue, résultat d'une immense difficulté vaincue, est bien près de la perfection, lorsqu'il peut être discuté comme je l'ai fait, C'est ainsi que s'expliquent ma proposition et l'admiration que je n'ai cessé de professer pour ce compte.

de la même année, des comptes conformes à la loi, d'après les chiffres même des comptes rendus; j'ai prouvé l'exactitude de ces comptes et du développement des avantages qu'ils présentent, j'ai fait sortir la nécessité de tenir à ce que la loi du 25 mars 1817 fût rigoureusement exécutée.

Parmi ces avantages, j'en ai signalé deux comme les plus marquans, consistant en ce que des comptes formés sur le modèle de celui que j'ai dressé pourraient être vérifiés par la Législature et prouvés à la Cour des comptes, et en ce que ces comptes dispenseraient de comprendre, dans les lois subséquentes, les exercices auxquels ils s'appliqueraient. J'ai prouvé ces deux propositions : la première, en simulant une vérification faite par la Législature et en rendant évidente la possibilité de la preuve à la Cour des comptes; et la seconde, en constatant qu'aucune partie des comptes que j'avais formés pour 1816 ne pourrait nécessiter une nouvelle disposition législative.

Chacune de ces deux propositions en a fait naître une secondaire ; l'une est relative aux rapports à établir entre la Législature et la Cour des comptes, et l'autre concerne la fixation de l'année financière. Sur les rapports à établir entre la Législature et la Cour des comptes, ou, si l'on veut, entre les décisions de l'une et les travaux de l'autre, je me suis borné à démontrer la nécessité de ces rapports, sans déterminer de quelle espèce ils pourraient être; et, à l'égard de l'année financière, j'ai proposé de la fixer au 1.er juillet, en continuant à voter les impôts jusqu'au 31 décembre.

J'ai terminé en exposant la nécessité de constater définitivement le passif ou dette flottante des caisses du Trésor, la situation des cautionnemens et celle des débets de comptables.

Si je ne m'abuse pas, un compte dans la forme de celui que j'ai dressé serait essentiellement propre à donner à la nation la connaissance de sa situation financière : si ce compte était jugé susceptible d'un pareil résultat, et si l'on voulait en assurer le succès et le compléter, il serait indispensable.

1.º Que MM. les Ministres ordonnateurs rendissent, dans les trois mois qui suivraient l'expiration de l'année financière, le compte des dépenses nécessitées pour le service de ladite année;

2.º Que, dans le même délai, M. le Ministre des finances présentât le compte du budget de l'année et celui des recettes et des dépenses faites dans le royaume;

3.º Que le compte du budget fît connaître, par rapport aux contributions directes, la confection des rôles et l'application des fonds imposés, et, pour tous les autres produits, le montant brut auquel se seraient élevées les recettes et les dépenses, effectivement faites pendant l'année écoulée, pour faire sortir de leur comparaison le montant net des produits applicables aux dépenses générales de l'État;

4°. Que le compte des recettes et des dépenses, effectuées pendant l'année par tous les agens comptables du royaume, fût une conséquence naturelle et nécessaire du compte du budget;

5° Que tous les agens comptables du royaume qui sont justiciables de la Cour des comptes rendissent, par-devant cette Cour, dans le même délai de trois mois au plus tard, le compte de leurs opérations pendant l'année, lequel compte devrait être conforme à celui qu'ils auraient rendu à M. le Ministre des finances;

6.° Que le compte rendu à la Législature par M. le Ministre des finances, après avoir été vérifié par elle, fût envoyé à la Cour des comptes pour servir à contrôler les comptes de tous les agens comptables du royaume, et que la nature des rapports à établir entre la Législature et la Cour des comptes fût déterminée;

7.° Que, quelle que fût l'époque à laquelle l'année financière serait fixée, les comptes de tous les agens comptables du royaume, sans aucune distinction, fussent arrêtés à cette même époque;

8.° Enfin, que le passif des caisses du Trésor et le montant des sommes dues pour cautionnemens en capitaux et intérêts fussent définitivement fixés, et, à l'égard des débets de comptables, que la somme de ces débets fût également constatée si on le jugeait convenable.

FIN.

TABLE RAISONNÉE DES MATIÈRES.

FIN DE LA TABLE.

www.ingramcontent.com/pod-product-compliance
Lightning Source LLC
Chambersburg PA
CBHW071325030726
47594CB00002B/547